JN157057

お客さまには「うれしさ」を売りなさい

一生稼げる人になるマーケティング"戦略"入門

MBA＆中小企業診断士
佐藤義典

青春出版社

はじめに　あなたの日常の買い物がマーケティングそのもの

こんにちは！　本書を手にとっていただき、ありがとうございます！
本書は、いわゆる「マーケティング戦略」と呼ばれているものの入門書です。
読者さんとして想定しているのは、次のようにお考えの方々です。

- 別の部署にいたけど、マーケティング・営業企画などの部門に配属された
- 直接マーケティングの仕事はしないが、ビジネス常識として知っておきたい
- 管理職になって、組織を引っ張る立場として戦略的な発想を知っておきたい
- ウェブサイトや広告をつくっているが、ぶっちゃけ反応がなくて困っている
- 社長をしているが、売上が伸びない……どうすべきか？

これらのお困りごとのヒントとなるべく、本書は書かれました。
いわば、本書は「マーケティング戦略の『マ』の字」を解説する本です。わかりやすさ

のために、私たちの「日常」と結びついた例を挙げて説明していくのが本書の特徴です。

マーケティングは企業活動の極めて重要な一部ですが、企業のマーケティングには相手がいます。それが買い手である私たち「お客さま」です。

「売り手」としての企業の先には、「買い手」としてのお客さまがいます。私たちが何かを買うとき、「買い手」の私たちは「売り手」（＝企業）のマーケティングに参加・評価しているのです。

つまり、**私たちの日常の買い物が、実は「マーケティング」そのもの**なのです。

マーケティングとは、お客さまに「うれしさ」を提供して対価を得ること

たとえば、あなたが昨日コンビニでハーゲンダッツのアイスクリームを買ったとしましょう。それを買った理由はなんでしょうか？

ハーゲンダッツの小売価格は現在３００円くらい。アイスクリームとしては少々高価で

すし、しかも少量。100円で量も多く、おいしいカップアイスは他にもあります。

それにもかかわらず、ハーゲンダッツを買う理由はなんでしょうか？

- 濃厚なコクなど、他とは比べられないおいしさがあるから

- 今日1日頑張った自分へのご褒美《ほうび》として、少し高くても贅沢なアイスを買いたい

このような、「他のアイスではなくハーゲンダッツを選んだ理由」があるはずです。**ハーゲンダッツがそれだけの「うれしさ」をあなたにもたらしてくれるからこそ、あなたは300円という「うれしさの対価」を支払った**わけです。

そして、あなたがハーゲンダッツを買った瞬間に、コンビニやハーゲンダッツは、あなたから「売上」を得ます。

この一連のやりとりが「マーケティング」そのものなのです。

「買い手」のあなたは、ハーゲンダッツを食べる「うれしさ」を求めてお金を払いました。

「売り手」の企業は、あなた（お客さま）に「うれしさ」すなわち「価値」を提供し、そ

の対価として「売上」を得たということになります。

マーケティングとは、まさにこの「お客さまにうれしさを提供して対価を得る」ことであり、そのときに、買い手のあなたは主役であるお客さまとしてマーケティングに参加しているのです。

マーケティングとは、けっして小難しい理論ではなく私たちの日常生活の一部なのです。

お客さまの立場に立って考えることは「当たり前」だが難しい

では、マーケティングは「私たちの日常生活の一部」であるはずなのに、なぜわざわざこのような本で学ばなければならないのでしょうか？

それは、**買い手（お客さま）にとっては当たり前のことが、売り手になるとまったくわからなくなる**からです。

売り手から見たマーケティングとは、「お客さまの立場に立って考える」という、ただそれだけのこと。しかし、「立場変われば人変わる」とはよくいったもので、売り手がお客さまの欲しいこと（ニーズ）をきちんと把握して打ち手に落とし込むのはいろいろな意味で大変難しいのです。

それが簡単だという人は、ヒット商品連発の天才カリスマ・マーケターでしょう。むしろ、ヒット商品を出せる人ほどその難しさを骨身に染みてわかっているはずです。

お客さまは、「自分が欲しいモノ」、すなわち「自分をうれしくしてくれるモノ」を買います。当たり前です。**売り手の役割はその「欲しいモノ」を提供する、すなわち「お客さまにうれしさを提供する」**ということです。

ただ、その背後には、いろいろな要素が絡み合います。

ひと口に「お客さまのうれしさ」といっても、いろいろなお客さまの、いろいろなうれしさがあります。そして売り手が得意なことと不得意なこともあります。売り手にとってはやっかいな、「競合」という存在もいます。

実は「モノが売れる」ということの背後には、さまざまな要素が複雑に絡み合っているのです。

そこで役に立つのが「体系的な理論」です。あなたがお医者さんにかかるとき、理論をまったく学ばずに「オレはこう思う」というカンと経験だけで治療するお医者さん（そういう人は医師免許をとれないでしょうが）に行きますか？　私は、「この症状だとこういう病気の確率が高いから、この治療をしよう」というしっかりした理論に基づいて治療するお医者さん」に行きます。その方が治療の成功確率が高そうだからです。

マーケティングも同じで、「しっかりした理論」に基づいて考えて施策を実行していくことで、成功の確率が高まるのです。

「お客さまにとっては当たり前のこと」をきちんと行うのがマーケティングです。ただそれが極めて難しいので、理論的・体系的に考えていくわけです。その「理論」も決して難しいものではなく、買い手であるお客さまにとってはむしろ当たり前のことなのです。

とはいえ、「カンと経験」を軽視しているわけではけっしてなく、それが「しっかりした理論」と組み合わされれば、鬼に金棒ですよね。

マーケティング戦略が「企業業績の4割」を決める

本書はマーケティング「戦略」の本です。なぜわざわざ「戦略」と強調しているか、その理由をここで説明させてください。

お客さまの立場で考えることがマーケティングの中核なら、経営戦略の中核は「自社の強みを活かして戦うこと」です。

「売れない時代」に突入した昨今では、マーケティングすなわち広い意味で売れるようにすることが経営戦略の中核に置かれ、「マーケティング戦略」という言葉が一般的に使われるようになりました。事実、それが企業の業績を左右する時代になっています。

『日本企業のマーケティング力』(有斐閣)によると、経営環境が厳しい場合、「事業成果」の「42%」をマーケティング戦略の質が説明するというデータがあります。

簡単にいいますと、**経営環境が厳しい場合、売上・利益、そしてその成長率の4割以上はマーケティング戦略で決まる**、ということです。

図01　経営戦略とマーケティングの重なり

経営戦略
強みを活かして戦う
マーケティング
顧客視点で考える
＝
マーケティング戦略
顧客に自社を選んでいただく理由をつくる

これはある意味当然のことで、「経営環境が厳しい」というのは要は「売れない」ということ。売れない時代には、広い意味で売れるようにするための「マーケティング戦略」が極めて重要になるのです。

本書は、企業業績の4割を決めるマーケティング戦略を日常の買い物から解き明かし、売り手のマーケティング戦略へとつなげていきます。読み終えた後には、マーケティング戦略の基本的な考え方がスッキリ理解していただけるでしょう。

これから、その奥深くも楽しい世界をご案内します！

お客さまには「うれしさ」を売りなさい――もくじ

序章 お客さまはうれしさを買っている

1章 セグメンテーションとターゲット

誰がどんなときに、どんなうれしさを求めるか？

2章 戦場・競合

お客さまに同じうれしさを提供する他の選択肢は何か？

3章 強み

01 お客さまが競合ではなく自社を選ぶ理由(独自のうれしさ)は何か？

4章 独自資源

強み(独自のうれしさ)を競合がマネできない理由は何か?

5章 メッセージ

強み（独自のうれしさ）を顧客にどう伝えると刺さるか？

カバー・本文デザイン、DTP:ISSHIKI(デジカル)

序章
お客さまは
うれしさを買っている

序章 01

お客さまは「うれしさ」「価値」にお金を払っている

本書は、日常の買い物からマーケティング戦略を解き明かしていく本です。マーケティングを考える際に一番大切な、「お客さまのうれしさ」から見ていくことにしましょう。

あなたが大切なお金を投じて買うとき、あなたは何らかの「うれしさ」を得ているはずです。たとえばハーゲンダッツを買ったときにあなたが得られるうれしさにはどんなものがあるでしょうか。

- ハーゲンダッツのおいしさがもたらすうれしさ・至福の時間
- ちょっとした集まりに持って行って、みんなが喜ぶその笑顔

あなたがハーゲンダッツを買うとき、冷やし固められた「クリーム、脱脂粉乳、砂糖、卵黄、バニラ香料」（アイスの原料）ではなく、何らかの「うれしさ」を買っているのです。

お客さまにとっての「商品・サービス」は、何らかの「うれしさ」を手に入れるための手段なのです。

この「当たり前」のことがマーケティングの極意です。極意とは常にシンプルなものです。

商品・サービスがお客さまにもたらす「うれしさ」や「価値」のことを、マーケティング用語で「ベネフィット」と呼びます（便益と訳されることが多いです）。広い意味で「顧客ニーズ」と呼ばれることもあります。

本書においては、**「うれしさ」「価値」「ベネフィット」は「商品・サービスがお客さまにもたらすうれしさ」という同じ意味**で使われているとお考えください。厳密には違うという意見もありそうですが、「お客さまが得たい何か」という意味ではほぼ同じです。

序章 02

商品・サービスが提供する「うれしさ」は使い方に表れる

「使うとき」がうれしいとき

お客さまは何らかの「うれしさ」を求めて商品・サービスを買います。では、お客さまは具体的に「どんなとき」にそのうれしさを感じるのでしょう?

その答えは単純で、「商品・サービスを使うとき」。「**使うときがうれしいとき**」なのです。お客さまは使うために買うのです。アイスは食べるために買います。アイスを食べておいしさを味わっているときがうれしいとき（=至福の瞬間）ですよね。

しかし売り手は、売れた瞬間に仕事が終わったと考えてしまいがちで、お客さまがどんなときにうれしさを感じたのか、意外に知らないものです。

さらに、うれしさを感じるときは一つとは限らず、無数にあり得ます。

再びハーゲンダッツの話。私の知人（男性です）が仕事から遅く帰るときにはハーゲンダッツを買い、奥様に「1日子育ておつかれさま」と一言そえて渡すと、奥様が笑顔になるとのこと。その「奥様の笑顔」がその知人にとってのうれしさ、ということになります。

使うときがうれしいとき。この知人男性がハーゲンダッツにうれしさを感じるときは、夜遅く帰っても家庭内が平和であるとき。知人男性は、「夫婦円満を保つ魔法のギフト」としてハーゲンダッツを「使って」いるわけです。

そしてこの「使うとき」（=うれしいとき）は作り手・売り手には見えません。

私の経験上、お客さまの「うれしさ」「うれしいとき」をきちんと把握できている会社は意外に少ないものです。

お客さまの「使うとき」がわからなければ、たとえば商品開発などをお客さまの「うれしさ」を把握せずに行うことになります。すると商品開発が売り手の思い込みで行われ、「売れるも八卦、売れないも八卦」という「ギャンブル」になります。売れない商品・サービスができる要因の一つはそのあたりにあると私は考えています。

商品・サービスが提供する「うれしいとき」は一つとは限らない

ある商品・サービスの「使うとき」をきちんと表現すると、「利用場面」となります。

ということです。

「商品・サービスの利用場面」
＝「お客さまが商品・サービスを使ってうれしいとき」
＝「お客さまが商品・サービスの価値を感じる瞬間」

ややこしいのは、先ほど説明したようにある商品・サービスが提供する「利用場面」が無数にあり得ることです。

たとえば、あなたが最近行った「美容院」について考えてみましょう。

髪の毛を切る、というときの「使うとき」（＝「利用場面」＝「うれしいとき」）はいつでしょう？　美容院に行って「うれしいとき」は、たとえば次のようなことでしょう。

・朝のセットがラクになった（セット時間を10分短縮できればその分長く寝られる！）
・夕方になっても髪型が崩れず、ずっと自分の思い通りの髪型が続く
・気になるあの人に「その髪型、似合うね」とほめられた

このように商品・サービスを使って「うれしいとき」はたくさん存在します。

これらはいずれも「髪を切ったあと」の話ですから、美容院がこの「うれしいとき」を把握することは難しいですよね。「お客さまが周りの人に髪型をほめられた」という美容師冥利に尽きる瞬間に、残念ながら美容師は立ち会えないのです。

「売り手」が「お客さまのうれしいとき」を把握するのが難しい理由は、次の二つ。

（1）商品・サービスが提供する「うれしいとき」がたくさん存在する
（2）お客さまが「うれしいとき」、売り手はその場にいない

売り手がこの「お客さまのうれしいとき」を知るには、お客さまに聞いてみるのが最善策。「お客さまがうれしいとき」を知っているのは、当然ながら「お客さまだけ」だからです。

序章
03

「うれしさ」とは、お客さまの課題を解決してあげること

商品・サービスがお客さまに「うれしさ」を提供するというのは、商品・サービスがお客さまの何らかの「課題」を解決しているということと同じ意味になります。

この「課題解決」という考え方は、「ビフォーアフター」で考えるとわかりやすくなります。

アイスの話で続けますが、ガリガリ君（赤城乳業）とハーゲンダッツがどのようにビフォーアフターで課題解決をしているかというと、次ページの図02のようになるでしょう。

どちらのアイスも「お客さまにとっての課題解決」になっていることがわかります。このように、**私たちが何かを買って使うというときは、何らかの「課題」を解決したいときでもあるのです。その意味で、「うれしさ」と「課題解決」は同じこと**です。

つまり、お客さまは商品がもたらす「うれしさ」や「課題解決」にお金を払っているの

図02　「うれしさ」のビフォーアフター

	ビフォーの悩み（購入・利用前）	利用場面	アフターのうれしさ（購入・利用後）
	課題が解決されていない状態 	課題解決の手段＝商品・サービス	課題が解決された状態 
ガリガリ君	真夏に子どもと遊び回った後、喉が渇き、カラダを冷やしたい	ガリガリ君をかじる	喉がうるおい、カラダも冷える
ハーゲンダッツ	夜遅くに帰宅し、子育てに疲れた奥様がイラだっている	「今日も1日子育てお疲れ様」と言ってハーゲンダッツを渡す	奥様の機嫌が少し直り、家庭内に平和がもたらされる

です。アイスクリームのような日用品では、「食べるとうれしい」というような、「うれしさ」という言い方がわかりやすいでしょう。

パソコンのような電子機器では、「複雑な仕事を簡単にこなす」という使い方が多いでしょうから、「課題解決」という言い方がピンとくるでしょう。

特にパソコンを仕事で使う場合には、面倒な作業を肩代わりしてくれるなど、仕事上の課題解決が「うれしさ」になります。

美容院に行くのも課題解決ですね。髪が伸びてきて自分の思い通りの髪型にしにくくなってきたという「課題」を、美容院で切ったり染めたりして解決するわけです。

これ以降、**「うれしさ」「課題解決」という言葉は、「価値」「ベネフィット」という言葉も含めて、同じ意味**だとお考えください。お客さまは、商品・サービスを通じて何らかの「うれしさ」（＝価値＝ベネフィット）を買っており、それはお客さまの「課題解決」になっている、ということです。

「顧客ニーズ」も近い意味ですが、「顧客ニーズ」という言葉はさらに広い意味で使われることがあり誤解を招きやすいため、本書では「うれしさ」「課題解決」で統一します。

序章 04

企業の売上は「うれしさ」「課題解決」の対価

売上を伸ばすには「うれしさ」を上げよう

「買い手」であるお客さまは、商品・サービスが提供する「うれしさ」「課題解決」に対してお金を払っています。このことを「売り手」である企業から見れば、企業は商品・サービスを通じてお客さまに「うれしさ」「課題解決」を提供していることになります。

そして、そのお客さまが払ったお金が売り手である企業の「売上」になります。

つまり、企業は「うれしさ」をお客さまに提供した対価として売上を得ていることになります。**企業の売上とはお客さまに提供する「うれしさ」の対価**なのです。

そうなると、売上を伸ばす方法はごく単純であることがわかります。はい、お客さまに提供する「うれしさ」を上げればよいのです。

「うれしさ」を上げれば、その対価としての「価格」も上げられます。ハーゲンダッツは300円前後と他のアイスよりかなり高価ですが、その価格はそれだけの「うれしさ」を提供していることに対する「対価」なのです。

そして、**マーケティングとは、まさに、お客さまに「うれしさ」「課題解決」を提供し、その対価として売上を得るという、それだけのこと**なのです。

しかし、それを本当に理解し、実行するのは極めて難しい。そうでなければ世の中はヒット商品だらけになって、「売れない商品」などなくなるはずです。

ちなみに、企業が倒産する原因の約68％、約3分の2以上が「販売不振」。売れないから倒産するわけです。

売れない理由は単純で、「お客さまが欲しくないから買わない」。お客さまから見れば「自分が必要としているうれしさ、課題解決を提供してくれないから買わない」ということです。

倒産の主要因である「売上不振」に対する抜本的な解決策は、お客さまに「うれしさ」「課

図03　会社が倒産する理由

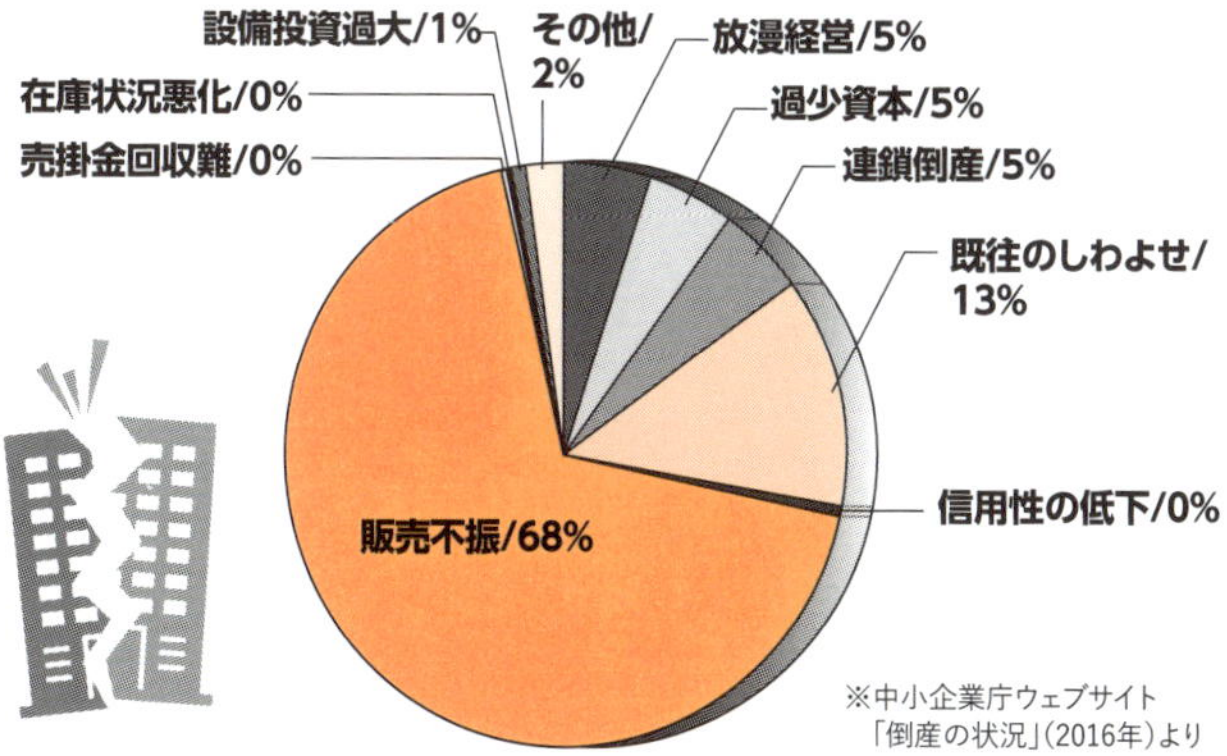

※中小企業庁ウェブサイト「倒産の状況」(2016年)より

題解決」を提供して、対価としての売上を得るということしかありません。

それが難しいからこそ、体系的に、理論的に考えて成功率を高めるのです。

序章 05

提供する「うれしさ」を高めていけばそれが「強み」となる

お客さまに「うれしさ」「課題解決」を提供するのが「マーケティング」の基本的な考え方です。本書はマーケティングに加えてマーケティング「戦略」の本ですので、少し「戦略」に踏み込んでいきます。

「戦略」を一言でいえば、「強み」をつくり、「強み」を活かして戦うことです。

自社が提供するうれしさに「独自性」があるほど、自社の商品・サービスが選ばれやすくなります。**「独自のうれしさ」**が、お客さまが自社を選ぶ理由になるわけです。

後の章で詳述しますが、この独自のうれしさ、すなわちお客さまが自社を選ぶ理由が「強み」となります。

ハーゲンダッツの場合、他社にはない「濃厚なコクのあるおいしさ」が「独自のうれしさ」（＝顧客がハーゲンダッツを選ぶ理由＝強み）のひとつになっていると考えられます。

作り手から見れば、お客さまに選んでいただく理由（たとえば「濃厚なコクのあるおいしさ」）を提供できれば、自社製品が選ばれます。逆に、それが誰にでもできることであれば「独自の」うれしさにはならず、自社製品が選ばれるとは限りません。

これをお客さまから見ると、「他の商品ではなくその商品を選ぶ理由」がある、となります。この、「他の商品ではなくその商品を選ぶ理由」がまさに「強み」です。**「お客さまに選ばれる理由（＝独自のうれしさ＝強み）をつくること」が、マーケティング「戦略」の真髄**です。

- マーケティングとはお客さまに「うれしさ」を提供すること
- マーケティング**戦略**とは「お客さまが自社を選ぶ理由」（＝強み）をつくること

この二つは矛盾しません。**お客さまに提供する「うれしさ」をひたすら高め、それが競合が提供するうれしさを大きく上回れば、「独自のうれしさ」となるから**です。

顧客視点を追究するマーケティングと、「強み」という自社視点を追究する戦略は一見

図04 「お客さまに選ばれる理由」をつくる

ハーゲンダッツ
ハーゲンダッツが欲しいと言ってほしい!
ハーゲンダッツを選ぶ理由をつくる
お客さま
ハーゲンダッツが欲しい!
ハーゲンダッツを選ぶ理由がある

矛盾するように思えますが、「強み」を「独自のうれしさ」と考えることで、顧客視点の「マーケティング」と自社視点の「戦略」を同じ線上における のです。

マーケティング戦略をごく単純化すれば、「お客さまに選ばれる理由をつくればお客さまに選ばれ、結果として売上が伸びる」ということなのです。

この「当たり前のこと」が簡単であれば、売上をガンガン上げて業績を無限に伸ばせますね。実際には極めて難しいので、本書が提供するフレームワークを使ってきちんと理論的に考えて実行していこう、ということです。

図05　マーケティング戦略の5つの要素

①顧客	仕事で頑張った自分へのご褒美に何かを自分にあげたいときに
②戦場・競合	ハーゲンダッツや他の選択肢がアタマに浮かび
③強み	他の選択肢ではなくハーゲンダッツを選ぶ理由があり
④独自資源	他の選択肢はハーゲンダッツをマネできず
⑤メッセージ	ハーゲンダッツを選ぶ理由が自分に伝わっていれば

「お客さまに選ばれる理由」をお客さまの視点で体系的に考えて実行すれば、お客さまに選んでいただける（＝売れる）ようになります。たとえば、あなたが「今日は仕事で頑張ったから、自分にご褒美をあげよう」と考えたとします。

上の図05のようにあなたが考えれば、自然にハーゲンダッツを買いますよね？

図05の5つが、「お客さまに選ばれる理由」をつくるために考えるべき5つの要素です。売り手がこの5つをきちんと考え、実行できれば選んでもらえる（＝売れる）のです。

この①顧客、②戦場・競合、③強み、④独自資源、⑤メッセージの5つが「マーケティング

図06　ハーゲンダッツをお客さまに選んでもらうための5つの要素

	売り手からみた表現	買い手からみた表現
顧客	「顧客」のある利用場面における「うれしさ」を提供し、	自分（顧客）が仕事で頑張った自分にご褒美をあげたいとき、
戦場・競合	同じうれしさを提供する「他の選択肢」（＝競合）に対して、	他のご褒美（例えば他のアイス）と比べて、
強み	競合ではなく、自社を選んでいただく理由（＝強み）があり、	他にはない「濃厚なコクのあるおいしさ」をハーゲンダッツだけが提供してくれ、
独自資源	その強みを競合がマネできない理由（＝独自資源）があり、	他のアイスはそれを何らかの理由でマネできず、
メッセージ	自社を選ぶ理由（＝強み）が顧客に伝え切れていれば……	「濃厚なコクのあるおいしさ」がCMやパッケージで自分に伝われば……

ハーゲンダッツが売れる!

ハーゲンダッツを買おう!

戦略で考えるべき5つの要素」です。マーケティング戦略用語を使いながら、売り手が考えるべきポイントを、さきほどのハーゲンダッツの例に従って並べると図06のようになります。そして、ここからこの順番で本書は進んでいきます。

序章　お客さまはうれしさを買っている
1章　顧客セグメンテーションとターゲット――誰がどんなときにどんなうれしさを求めるか?
2章　戦場・競合――お客さまに同じうれしさを提供する他の選択肢は何か?
3章　強み――お客さまが競合ではなく自社を選ぶ理由（独自のうれしさ）は何か?
4章　独自資源――強み（独自のうれしさ）を競合がマネできない理由は何か?
5章　メッセージ――強み（独自のうれしさ）を顧客にどう伝えると刺さるか?

そして、最後の6章でまとめます。

いきなり難しくなったように感じたかもしれませんが、この時点では、「マーケティング戦略を考えるための要素は5つあるんだな」という程度で考えておいていただければそれで大丈夫です。これから、アイスクリームやノートパソコンなど、私たちの日常の買い物の例を使いながら、一緒に考えていくことになります。

その本質はシンプルで、「お客さまに選ばれる理由（＝独自のうれしさ）をつくって、お客さまに選ばれるようにしよう！」ということです。それを体系的に考えるためには、この5つの要素を使うと考えやすい、ということですね。むしろ、「この5つだけ考えればいいんだ」と気楽にお考えください。

この「マーケティング戦略の5つの要素」を考えていくときのキーワードが「うれしさ」だということは、1章から5章までのすべてに「うれしさ」という言葉が入っていることからもわかるでしょう。

本書は入門者向けに書かれたものですが、入門者としてはこの5つの要素をカバーしておけばまずは十分です。

マーケティングのプロフェッショナルとして生きていこうとしている方は、さらに学習・実戦を進めていくことになりますが、そんな「プロ候補」の方でも、この5つの考え方がベースにあるといろいろな理論が整理しやすくなります。

ちなみに、私はいわゆるトップスクール（ペンシルベニア大ウォートン校）でMBA（経営学修士）を取得しましたが、そこで学ぶ経営戦略やマーケティング理論を統合したものがこの5つの考え方でもあります（こんなにシンプルにしてくれませんでしたが）。**経営戦略・マーケティング理論の叡智をまとめるとこの5つになる、**ということでもあります。

では、いよいよ本論に入っていきましょう！

序章のまとめ

- **お客さまは、商品・サービスを通じて「うれしさ」を買っている。**
- **お客さまが「使うときがうれしいとき」。ただ、その「うれしいとき」はたくさんあり、通常売り手はその場にいないから、売り手が「うれしいとき」を把握するのは難しい。**
- **「うれしさ」を別の言葉でいうと「課題解決」。アイスクリームも含めて、すべての商品・サービスは何らかの課題を解決している。お客さまは「うれしさ」や「課題解決」にお金を払っている。**
- **マーケティングとは「お客さまの立場で考えること」であり、お客さまに「うれし**

さ」や「課題解決」を提供して対価としての売上を得ること。

- マーケティング戦略とは、「顧客が自社を選ぶ理由」（＝独自のうれしさ＝強み）をつくること。それはマーケティングの「顧客視点」の延長線上にある。

1章
セグメンテーションとターゲット
誰がどんなときに、
どんなうれしさを求めるか？

1章 01

求めるうれしさごとにグループ分けして考える

お客さまを「うれしさ」に応じてグループ分けする——顧客セグメンテーション

序章で、お客さまは「うれしさ」を得るために商品・サービスを買う、ということを見てきました。

ただ、お客さまの「うれしさ」とひと口にいっても、人によって、そして商品・サービスの使い方によって、求める「うれしさ」が違います。まさに「十人十色」。**人によって求めるうれしさや解決したい課題が違う**のです。

1章では、この「顧客による求めるうれしさの違い」について考えていきます。

再びアイスクリームで考えてみましょう。

夏の炎天下で遊び回った後の子どもは、「とにかくカラダを冷やして喉《のど》をうるおしたい」という「うれしさ」を求めてガリガリ君などの氷菓を選ぶでしょう。

一日の仕事を頑張った後、自分にご褒美をあげたい有職女性（男性でもいいですが）は、「自分をいやす時間」などの「うれしさ」を求めてハーゲンダッツなどの高級アイスを選ぶでしょう。求めるうれしさが違うために、求める商品も違うのです。

このように、**人によって求めるうれしさが変わるので、うれしさに応じて分けて対応する必要があります。お客さまをグループ分けすることを、「セグメンテーション」や「顧客セグメンテーション」と呼びます。そして、分けた一つひとつのグループを「セグメント」や「顧客セグメント」**と呼びます。

できれば英語は避けたいのですが、「顧客セグメンテーション」は、すでにビジネスの一般用語になってきているので、このまま知っておいた方がむしろいいでしょう。

図07　セグメンテーションとターゲット

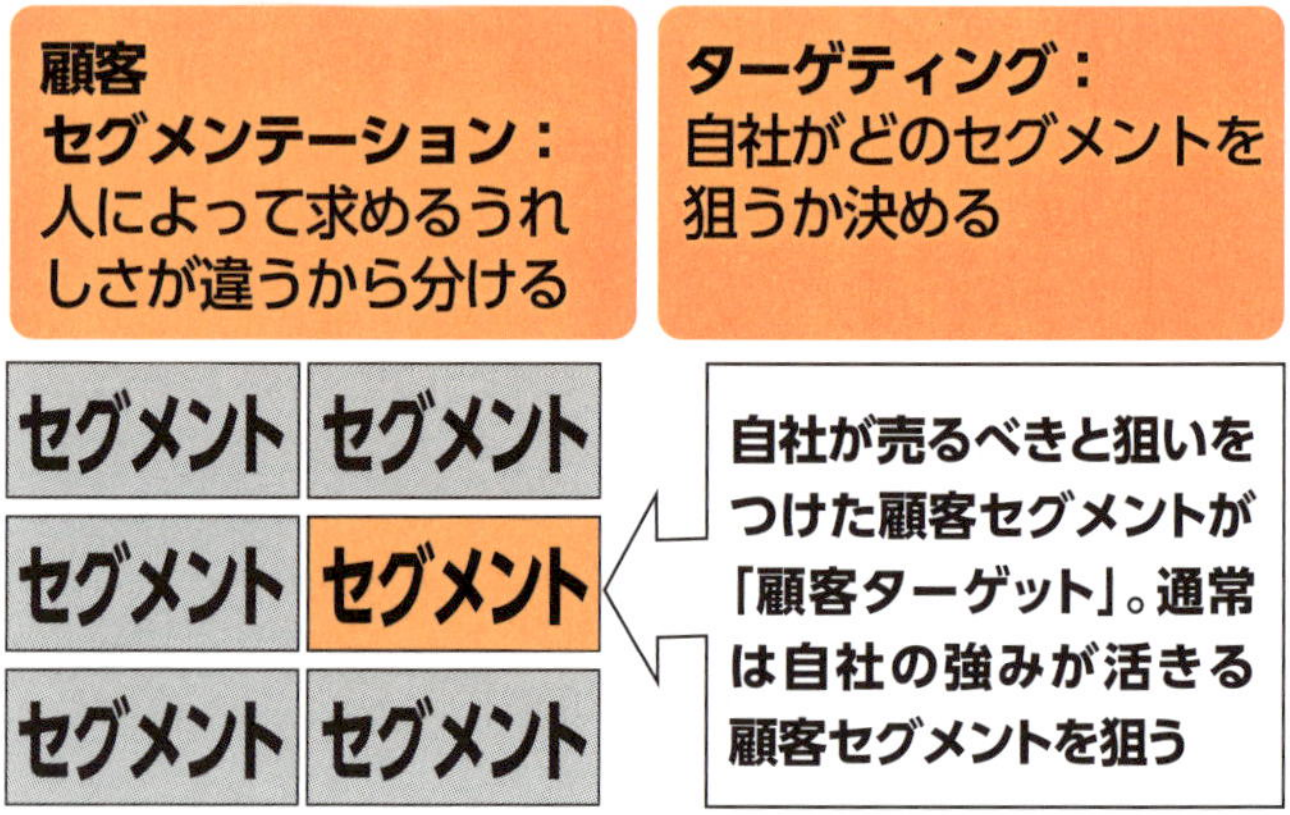

グループ分けしたお客さまに狙いをつける——顧客ターゲット

お客さまをセグメンテーションしたら、どこかに狙いをつけます。**自社がとりたい顧客セグメントを「顧客ターゲット」あるいは単に「ターゲット」と呼びます。狙いをつけることが「ターゲティング」**です。

自社が「買ってほしい顧客」に狙いをつけるわけですが、通常は自社の強みが活きる（＝自社を選んでもらえる）顧客セグメントを狙います。「弱み」が活きるようなセグメントだと、自社が選ばれませんから……。

ガリガリ君の顧客ターゲットは、あのパッケージのキャラのような小学生が中心。そして、ハーゲンダッツの顧客ターゲットは同社のCM女優のような「20代前半の有職女性」が中心でしょう。

ガリガリ君にしても、ハーゲンダッツにしても、それぞれ狙う「顧客ターゲット」が異なるわけです。

もう一度確認しますと、人によって求めるうれしさが違うから「分ける」のが「顧客セグメンテーション」で、分けたセグメントを「狙う」のが「ターゲティング」。

このセグメンテーションとターゲティングは、マーケティングにおいて極めて重要な、中核的な考え方の一つです。

1章 02

TPOによってお客さまが求めるうれしさは変わる

「人によって求めるうれしさが違うからお客さまを分ける」というセグメンテーションの考え方を突き詰めていくと、「人による違い」に加えて、「求めるうれしさの違い」そのものについても考える必要があります。**同じ人でも「どんなとき」かによって求めるうれしさが変わり、そのために買うものが変わる**からです。同じ人でも、です。

同じ人がハーゲンダッツを買うことも、ガリガリ君を買うこともあります。それは「どんなとき」に食べるかで求めるうれしさが変わるからです。

たとえば、仕事を頑張ったときの「自分へのご褒美」のときはハーゲンダッツを選ぶかもしれません。しかし、真夏の炎天下で子どもと遊び回ったときであれば、**同じ人が**ガリガリ君を選びますよね？

同じ人でも「どんなときか」で求める商品・サービスは変わる

そして、夏の炎天下には、子どもも大人もガリガリ君を買うのです。**違う人でも**、「同じとき」（夏に炎天下で遊び回る）には、同じうれしさ（喉が渇いたし、カラダを早く冷やしたい）を求め、同じもの（ガリガリ君）を選ぶのです。違う人でも、です。

「どんな人か」に加えて、「どんなときか」によって求めるうれしさが変わり、その結果として選ぶ商品・サービスが変わるのです。

（1）ハーゲンダッツを選ぶとき
- どんなとき——（例）仕事で頑張った自分へのご褒美
- どんなうれしさ——（例）少し贅沢な時間でいやされたい

（2）ガリガリ君を選ぶとき
・どんなとき――（例）真夏の炎天下で子どもと遊び回ったあと
・どんなうれしさ――（例）カラカラの喉をうるおし、カラダを早く冷やしたい

これは、お客さまにとっては当たり前のこと。このような、「お客さまにとっての当たり前」をきちんと捉えていくのがマーケティングであり、マーケティング戦略なのです。

ここまでをまとめると、「うれしさ」に影響を与える要素が二つあります。
（1）「どんな人」か
（2）「どんなとき」に使うか
「どんな人」が「どんなとき」に使うかが、求める「うれしさ」に大きな影響を与えます。ですからこの二つを組み合わせてセグメンテーションしていくのが、実戦的なマーケティングなのです。

使い方は「TPO」で考えよう

「どんなとき」というのは「利用場面」であり、商品・サービスの「使い方」のことです。「とき」というと「時間」だけのように聞こえてしまいますが、時間だけではなく、場所や状況も重要です。

「どんなとき」をより正確にいえば「TPO」。つまり、**「利用場面」や「使い方」の構成要素は、TPOになる**のです。

- Time（時間）――季節、平日・休日、朝昼夜
- Place（場所）――屋内・屋外、屋内でもどの部屋か、屋外でも具体的にどこか
- Occasion（加工方法・状況）――加工方法・一緒に使われるもの

ではこのTPOについて、再びアイスクリームを例にとりながら、一つひとつ見ていきましょう。まず「Time」。時間によって求めるうれしさが変わります。大きくいえば、季節。夏と冬で食べるものが違いますね。

アイスクリームの需要期はもちろん「夏」。ガリガリ君の場合は特にそうです。では、ハーゲンダッツが一番売れる季節はいつでしょうか？

答えは12月。真冬なんですね。

新聞記事にハーゲンダッツ・ジャパンの馬瀬紀夫社長のインタビューが掲載されていました。

「当社は12月が圧倒的に売れて、だいぶ落ちて8月、7月の順番です。体を冷やす子どもの氷菓子からデザートになりました。だから冬でも、大人も食べていい。値段も多少高くていい」（日経MJ2016年2月8日P3）

たしかに、ハーゲンダッツの「濃厚なコク」は、夏よりむしろ冬に合いそうです。

「冬に食べるアイス」という画期的な発想は、ハーゲンダッツが発売される以前の1981年、ロッテアイスの「雪見だいふく」が提案しています。

「1981年、冬にアイスを食べる習慣があまりなかった時代に、秋冬にもアイスをおいしく食べてほしい、そんな想いから誕生しました」（ロッテ公式ウェブサイト）

雪見だいふくは、おもちの中のアイスが固いまま食べられる冬においしいアイス。画期的な発想です。

さらに朝昼夜などという狭い意味での「時間」も重要。ハーゲンダッツを食べるのはズバリ「夜」。食後のデザートや、自分へのご褒美として大人が夜にじっくり味わうのです。**ハーゲンダッツは、「冬の夜」という従来アイスクリームを食べていなかった「時間」へと広げてアイスクリームの需要を拡大した**のです。

次はTPOのP、「Place」。場所によって求めるうれしさが変わります。

アイスクリームを屋外で食べる場合は、片手で食べられるものが便利ですよね。ガリガリ君、「パピコ」（江崎グリコ）、「クーリッシュ」（ロッテアイス）などがそれに当たります。

室内で座って食べる場合は、カップタイプもいいですね。「明治エッセルスーパーカップ」や「爽」（ロッテアイス）などです。

また、家で食べる場合は冷凍庫がありますから、保存できます。井村屋のロングセラー「あずきバー」の場合は6本入りの「BOXあずきバー」が人気です。

最後に、TPOのO、「Occasion」は加工方法や状況です。一緒に使われるものなどによって求めるうれしさが変わります。

アイスクリームを食べる状況はいろいろあります。前述したように、暑い夏や運動した後は「喉の渇きをいやし、カラダを冷やす」ために使われます。一方、冬に食べる場合は、いわゆる「おやつ」「甘いモノ」としてのアイスが求められているのでしょう。

また、「自分へのご褒美」という状況では、至福感を得ることが目的になります。ここはハーゲンダッツが得意とするところです。

また先述した「夫婦円満の魔法のギフト」や、「女子会の手土産」として、他人に持って行くというギフト、手土産としての使い方もあるでしょう。

このように、**具体的なTPOに落とし込むことで、使い方や利用場面を詳細に描き出すことができ、そしてそのときに選ばれる商品・サービスも考えられるようになる**のです。

ここまでの、アイスクリームが食べられるTPOをまとめると、図08のような感じになります。

切り口の軸は二つです。

図08　アイスクリームのTPO

(2) どう(O)使うか ＼ (1) いつ(T)、どこで(P)使うか	夏の昼・屋外	夜・室内
喉の渇きをいやし、カラダを冷やす	●片手で食べるタイプ（ガリガリ君、パピコ、クーリッシュなど）	
おやつ		●両手で食べるタイプ（エッセル、爽など） ●箱で買うタイプ（あずきバーなど）
ご褒美・デザート		●高級アイス（ハーゲンダッツ、レディーボーデンなど）
ギフト・手土産	●高級アイス（ハーゲンダッツ、レディーボーデンなど）「いつ(T)・どこで(P)」は、「誰かに持って行くとき」	

（1）いつ、どこで使うか：食べる時間と場所

・夏の昼、屋外――暑い夏に炎天下で、部活の帰りや歩きながら食べるとき

・夜、室内――季節を問わず、空調のきいた室内で食べるとき

（2）どう使うか：食べるときの状況

・喉の渇きをいやし、カラダを冷やす――暑い夏や運動の後など

・おやつ――小腹を満たしたいとき

・ご褒美・食後のデザート――仕事で頑張ったあとのご褒美など

・ギフト・手土産――手土産に持って行くなど、他人のために買うとき

図09　アイスクリームの人×TPO

(2) どう(O)使うか ＼ (1) いつ(T)、どこで(P)使うか	夏の昼・屋外	夜・室内
喉の渇きをいやし、カラダを冷やす	●子ども・大人の止渇（従来の使い方）	
おやつ		●子ども・大人のおやつ（従来の使い方）
ご褒美・デザート		**●大人の需要：ハーゲンダッツが開拓**
ギフト・手土産	●高級アイス（ハーゲンダッツ、レディーボーデンなど）「いつ(T)・どこで(P)」は、「誰かに持って行くとき」	

他にもあるでしょうが、よく使われるシーンを抜き出しました。TPOと、その時々で選ばれるアイスが連動しています。

この図の上に「人」を載せると、上の図09のようになります。

これがアイスクリーム市場のざっくりとした顧客セグメンテーションです。「どんな人が、どう使うか」が一覧で整理されました。この「人×使い方・TPO」で分けるのがセグメンテーションの基本的な考え方です。

「人×使い方・TPO」で分けることで、アイスクリーム市場がシンプルに整理できることがおわかりいただけるかと思います。そしてハーゲンダッツが今まであまり重視されてこなかったＴＰＯを開拓してきたことが、この図からもわかります。

さらに詳しく見ていきましょう。左上の「夏の昼・屋外」はアイスクリームの主戦場（＝最大の需要期）の一つで、ある意味「みんな」アイスを食べます。が、この中でもさらに細かく顧客セグメントが分かれそうです。「屋外」で食べる場合は、「片手で食べられるアイス」が食べやすいので、いくつか知られた商品を顧客ターゲット別に抜き出してみます。

- 小学生男女：ガリガリ君（バータイプ）
- 20代男性：クーリッシュ（パウチ）
- 20代女性：ハーゲンダッツ　クランチークランチ（バータイプ）
- 50代男女：あずきバー

同じ人・ＴＰＯの中で、顧客がさらに細かく分かれていることがわかります（それぞれの顧客ターゲットは私の推測です）。アイス市場全体としての大きなセグメンテーションがあり、またその中で細分化されていくわけです。この例だと「小学生男女」がガリガリ君を買うときでも、男女でまた好みの味が違うかもしれませんよね。

ではどこまで分ければいいかというと、売り手が「打ち手」に落とせるまで、です。

使い方・TPOはお客さまに聞いてみよう！

ここまで見てきたように、**「人によって、そして使い方・TPOによって求めるうれしさが違うから、『人×使い方・TPO』で分けて対応する」というのがセグメンテーションの基本的な考え方**です。

お客さまから見れば、使い方・TPOによって買うアイスクリームが変わるというのは当たり前のことです。あなたがアイスクリームを買う際も、そのときの自分に一番合ったアイスクリームを選ぶことは自然に、無意識にやっていますよね。

しかし、マーケティングの「実戦」という意味においては、実はこれは非常にハイレベルなことです。セグメンテーションの考え方は「単純」ですが、それを実戦で活用するのは極めて難しいのです。

その理由の一つは、お客さまの「使い方・TPO」が売り手には見えないということです。

たとえば、売り手であるアイスクリームメーカーには、次のようなことがわかりません。

- お客さまはどんな人なのか
- どんなＴＰＯで食べているのか
- どんなうれしさを求めているのか

アイスクリームメーカーには、あなたがどんな人で、どんなＴＰＯで食べているのかはわかりません。あなたがメーカーに教えたことはないですよね？

これらは、売り手にとっては垂涎の情報であり、その情報を持っているのは……実は、売り手ではなく、お客さまである「あなた」なのです。

つまり、お客さまに聞くしか、これらを把握する方法はないのです（その聞き方・調べ方はいろいろありますが、入門書の内容を超えるので割愛します）。

このような、お客さまの使い方・ＴＰＯを調べるということは、先進的な会社はやっていますし、私が実際にコンサルティングに入るときも、まずはこの「人×使い方・ＴＰＯ」を確認することは重要なステップの一つです。

1章 03

パソコンの事例で顧客セグメンテーションを考える

セグメンテーションとターゲティングの話はマーケティングの中核となる概念ですので、ここからさらに深めていきます。

ここまでずっとアイスクリームの話だったので、次はもう少しおカタい「ノートパソコン」について考えてみましょう。

本書では、アイスクリームとノートパソコンの二つを主要事例として取り上げていきます。両方とも多くの人が使っていますし、使っていない方にも想像しやすいからです。

また、アイスクリームとノートパソコンは商品としての価格が約1000倍違います(100円と10万円)が、それでも基本的な考え方はまったく同じだということを示したいからでもあります。

ノートパソコンでは、特徴的な戦略をとっているパナソニックの「レッツノート」を中核事例として取り上げていきます。レッツノートはいわゆる「モバイルノート」で、軽く、頑丈で、バッテリーが持つ時間も長いです。そしてかなりの高性能を誇ります。

つまり、レッツノートは携帯性に優れた高性能モバイルノートです。蛇足ながら私の15年来の愛機でもあります（本書もレッツノートで執筆されました）。

ここで一つ質問です。私が「レッツノートの謎」と（勝手に）呼んでいるものです。

レッツノートをお使いの方は外出先で非常によく見かけます。体感としては外で使われているパソコンの4〜5台に1台という印象です。

空港のラウンジでは多くの方がノートパソコンを使っていますが、その半分以上がレッツノートで、レッツノートがズラリと並ぶという光景は珍しくありません。

でも考えてみてください。パナソニック（＝レッツノートのメーカー）のノートパソコンにおけるシェアは2016年でわずか3・1％（株式会社MM総研調べ）。しかし3・1％にしては、外で遭遇する率が高すぎます。シェア3・1％のレッツノートがズラリと並ぶ光景などは、確率的にはまずありえないように思えます。

図10　ノートパソコンの国内シェア

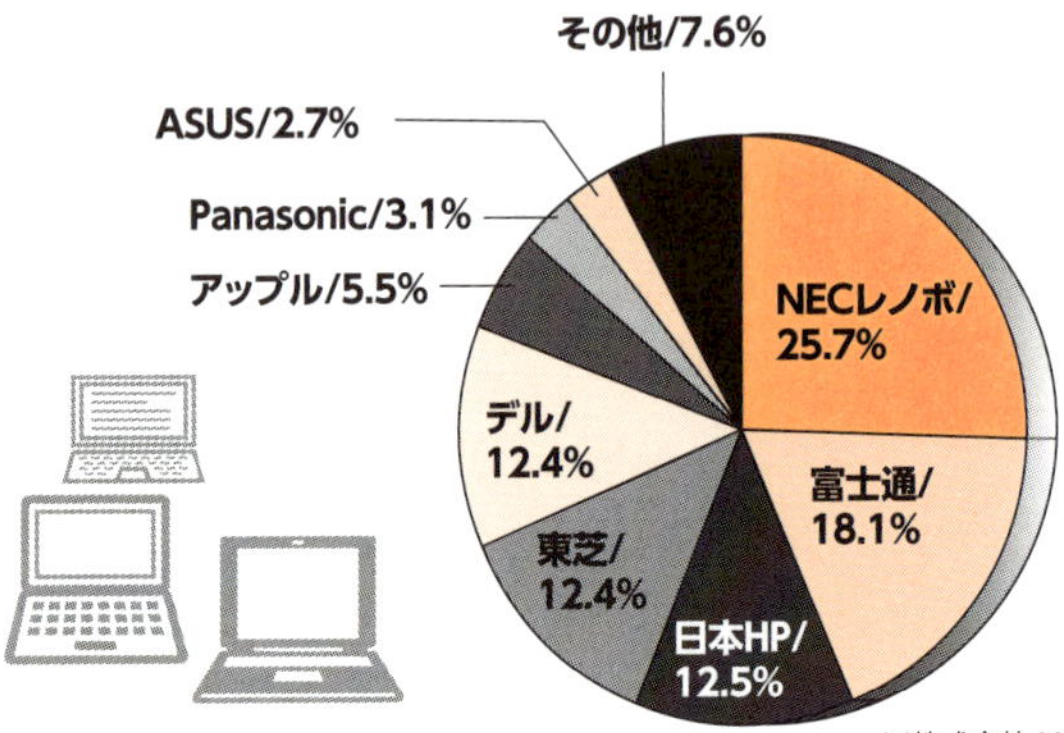

※株式会社 MM 総研調べ

なぜそんなことが頻繁に起きうるのでしょうか？　この「レッツノートの謎」をアタマの片隅に置きながら、パソコンのセグメンテーションを考えていきましょう。

「どこで使うか」「どのように使うか」で分ける

具体的な話に入る前に、まずはパソコンについての基本情報をおさえておきましょう。

パソコンには、机に置いてモニタに接続して使う「デスクトップパソコン」と、持ち歩いて使う「ノートパソコン」があります。

ノートパソコンの中でも、サイズ・重量にかなり差があり、一般的には画面サイズ15インチ前後の「スタンダードノート」、13インチ前後以下の「モバイルノート」に分けられます。

パソコンメーカーにとって、最近の主戦場はデスクトップよりノートパソコンです。2016年度のデスクトップパソコンの国内出荷台数・金額は176万台、1504億円であるのに対して、ノートパソコンは521万台、4677億円（電子情報技術産業協会調べ）。出荷台数の4分の3がノートパソコンです。

では、パソコンのセグメンテーションについて考えてみましょう。

「使うときがうれしいとき」ですから、パソコンに求めるうれしさも使い方によって異なります。使い方の構成要素は「TPO」ですから、TPOで分類していきましょう。

パソコンのセグメンテーションの主な軸は二つ。

（1）どこで使うか（TPOの「P」）

（2）何をするか（TPOの「O」）

一つずつ考えていきましょう。あわせて、どんな顧客がどんなパソコンを選ぶのかについても考えていきます。

(1) どこで使うか (TPOのP)

一つ目の軸は、パソコンを「どこで使うか」です。使う「場所」により使い方がかなり異なります。パソコンを使う場所は、以下の3通りに大別できそうです。

(1-A) 室内のみ・持ち運びまったくなし

まず、ずっと固定された場所で使う、という使い方があります。

たとえばオフィスの机の上や自宅の書斎などで「しか」使わない、という場合ですね。内勤のビジネスパーソンの方にはありそうな使い方です。

デスクトップパソコンは、この使い方のときに選ばれます。

(1-B) 主に室内・たまに持ち運ぶ

次は、基本的には室内で使うものの、たまに持ち運ぶこともある、という使い方です。

内勤でいつも自分の机で使っているが、ときおり会議室に持って行くこともある、というような使い方です。最近は机が決まっていないフリーデスクのオフィスもありますが、その場合もここに入るかもしれません。

この場合、デスクトップパソコンは持ち運べませんから選択肢に入らず、ノートパソコンの中から選ばれます。頻繁に持ち歩くわけではないので、サイズが大きい「スタンダードノート」でもそれほど不都合はなさそうです。

（1－C）主に屋外・頻繁に持ち運ぶ

主に屋外で使う、もしくは頻繁に持ち運ぶという使い方もあります。

外勤営業パーソンで、毎日お客さまのところでプレゼンをするような方、出張が多く新幹線の中などで仕事をすることが多い方、カフェで仕事する方などがここに入ります。

この場合は、ノートパソコン、その中でも軽くて持ち運びしやすい「モバイルノート」が選ばれることが多いでしょう。

このように、**「どこで使うか」は、パソコンに求めること、特にパソコンに求める形態「**

に極めて大きな影響を与えることがわかります。まったく持ち歩かない場合はデスクトップでもいいですが、持ち歩くことが多い場合は、軽くて小さい「モバイルノート」の方がよさそうなことは容易に想像できますね。

（2）何をするか（TPOのO）

もう一つの軸は、パソコンを使って「何をするか」ですね。TPOの「O」です。

これは、使い方のハードさ、パソコンに対する負荷で分けるのがよさそうです。

（2－A）ハードユース（ビッグデータ、画像・動画、ゲームなど）

まず、パソコンに高負荷な「重い仕事」をさせる「ハードユース」という使い方です。

たとえばIT関係の複雑な作業をする方や、重いエクセルのデータを使って分析をする方、解像度の高い写真画像や動画などを編集・加工するデザイナーの方がここに入ります。

家庭用では、いわゆる「高度なパソコンゲーム」をされる方もここです。高速なCPU、高性能なグラフィックボードを載せたパソコンを選びます。

表計算・画像加工は（そしてゲームも）画面が大きい方が使いやすいので、デスクトップパソコンか、または大画面の「スタンダードノート」が選ばれます。このようなパソコンは、結果としてかなり高価になります。

(2－B) ノーマルユース（表計算、資料作成、年賀状など）

次は一般的な使い方の「ノーマルユース」です。

ビジネスでは、普通の表計算、普通のプレゼン資料・文書作成などです。家庭用では、年賀状をつくったり、写真を管理したりするような使い方がここですね。

この使い方の場合は、パソコンの選択肢が広く、デスクトップからモバイルノートまで、自分の「使う場所」や価格などで決まるでしょう。

(2－C) ライトユース（メール、ウェブ閲覧）

最後にライトユース。メールの送受信、ウェブサイトの閲覧、ネットショッピングなどの「軽い」使い方ですね。この場合、タブレットやスマホですませる人も多いでしょう。最近、若い女性は夜寝る前にベッドの上でスマホを使って服を買ったりするそうですが、この場合、ノートパソコンよりスマホの方が便利そうです。

図11　パソコンの「使い方」によるセグメンテーション

		どこで（P）使うか		
		室内のみ 持ち運び全くなし	主に室内 たまに持ち運ぶ	主に屋外 頻繁に持ち運ぶ
どう（O）使うか	ハードユース（ビッグデータ、画像・動画、ゲーム）	③ 室内・ハードセグメント ・内勤IT系・デザイナー（画像・動画） ・ゲーマー（3Dゲーム）		① 屋外・ハードセグメント ・外勤IT営業・外勤デザイナーなど
	ノーマルユース（表計算、資料作成、年賀状）	④ 室内・ノーマルセグメント ・内勤ビジネス（表計算・資料作成） ・家庭用（年賀状・画像整理）		② 屋外・ノーマルセグメント ・外勤営業パーソンなど
	ライトユース（メール、ウェブ閲覧）	⑤ ライトセグメント ・ライトユーザー（スマホ・タブレットでも十分？）		

すべてのパソコンユーザーは5つのセグメントに分けられる

結論です。パソコンの「使い方」を左右する二つの軸は次の通りでした。この二つの軸を組み合わせると、上の図11のようになります。

（1）どこで使うか（TPOのP）
（2）どう使うか（TPOのO）

この図は、先ほどの「アイスクリームのセグメンテーション」と極めてよく似ていることがわかります。

この顧客セグメントを一つひとつ見ていきま

しょう。

①屋外・ハードセグメント：外勤ＩＴ営業・外勤デザイナーなど（図の右上）

パソコンを頻繁に持ち運び、かつハード（高負荷）な使い方をされる方。ＩＴ業でお客さま先に行くことの多い方や、お客さま先で打ち合わせをするウェブデザイナーなどですね。

このセグメントの方は、最高性能の「モバイルノート」を選ぶでしょう。価格としては、パソコン市場全体でも最高価格に近い、20万円以上の高級機になります。

②屋外・ノーマルセグメント：外勤営業パーソンなど（図の右中）

ここは①と同じくパソコンを頻繁に持ち運ぶ方ですが、使い方はそれほど「ハード」ではない方です。たとえば、移動中の新幹線で普通のプレゼン資料をつくり、そのパソコンでプレゼンするような使い方ですね。

このセグメントの方も「モバイルノート」を選びますが、「最高の性能」である必要はなく、比較的価格がこなれた機種（10〜20万円程度）が主な選択肢でしょう。

③室内・ハードセグメント：内勤IT系・デザイナー・ゲーマーなど（図の左上）

このセグメントは、主に室内で使う方で、ビッグデータやITの高度な処理を行うなどパソコンへの負荷の高い仕事をするビジネスパーソンや、画像・動画を扱うデザイン関係の方です。家庭用では3Dゲーム（すごく高負荷です）をされる方もここでしょう。

デザインやゲームに使えるパソコンは高性能・高価格（2017年時点で約20万円以上）です。この使い方では大画面の方が見やすく便利なので、デスクトップを使う方が多いでしょう。

それでも、机が狭い、場所がないなどで省スペースを求める方は、大画面で高性能の「スタンダードノート」を選ぶこともあるでしょう。

④室内・ノーマルセグメント：内勤ビジネスパーソン・家庭用など（図の左中）

ここは、通常のオフィス業務をこなす方です。内勤で表計算、文書作成などの普通の使い方をされる方ですね。家庭用では、年賀状の印刷やPTAの書類作成などに使うという方もここに入るでしょう。

図12 パソコンのセグメントと選ぶパソコン

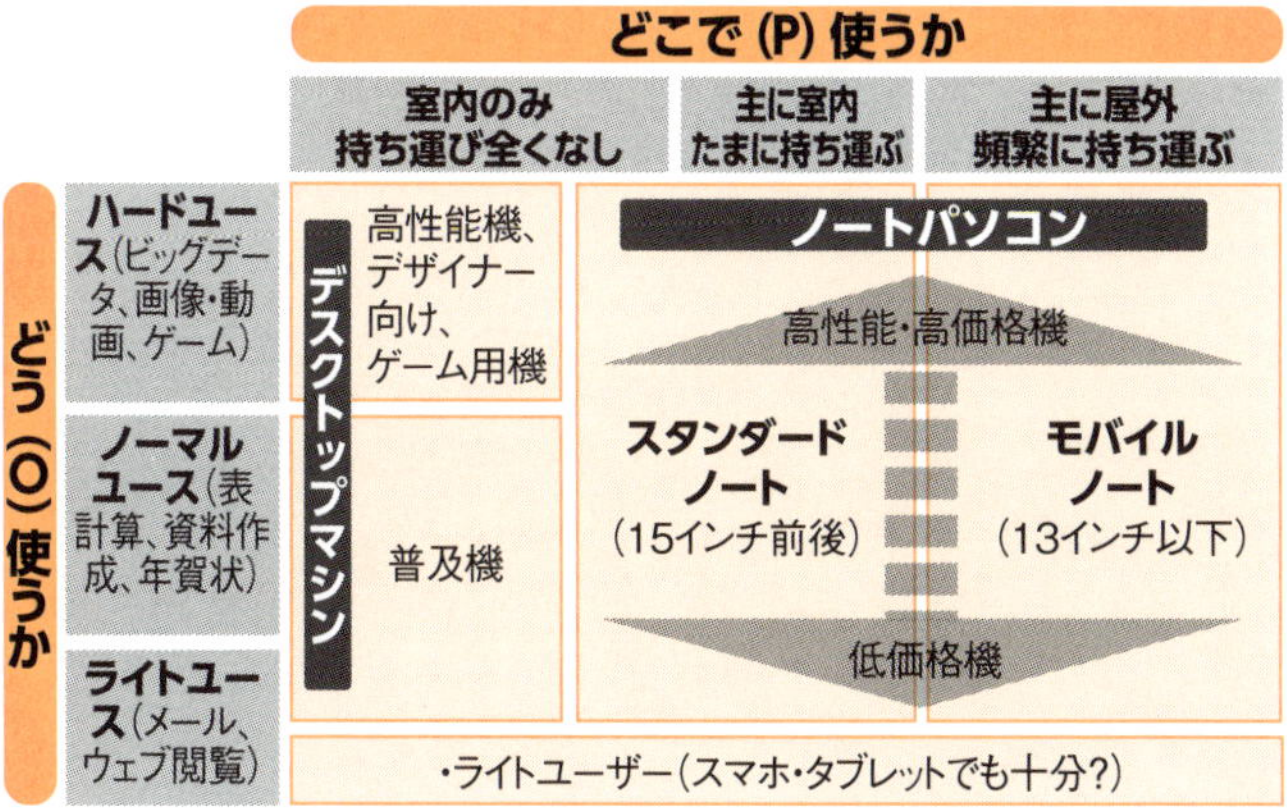

このセグメントの方はあまり高い性能を必要としないため、価格がこなれている「普及機」を選ぶでしょう。持ち歩かない方はデスクトップでもいいですね。家庭用だと、デスクトップに比べれば省スペースの「スタンダードノート」を選ぶ人が多いようです。

このセグメントが現在のパソコンの「主戦場」（最大市場）です。

⑤ライトセグメント：スマホで十分（図の下）

ここは、メールやネットショッピングのような使い方がメインで、今となってはスマホやタブレットで十分、パソコンがなくても困らないという方です。

ノートパソコンを買う場合は、数万円の低価格機種を買うでしょう。

この5つの顧客セグメントは、それぞれパソコンの使い方（＝パソコンに求めるうれしさ）が異なるため、選ぶパソコンも違ってきます。

それをこの図に載せたのが前ページの図12です。

図13　パソコンの出荷台数

どう（O）使うか ＼ どこで（P）使うか	室内のみ 持ち運び全くなし	主に室内 たまに持ち運ぶ	主に屋外 頻繁に持ち運ぶ
ハードユース（ビッグデータ、画像・動画、ゲーム）	**デスクトップマシン** 年間176万台出荷	**スタンダードノート**（15インチ前後） 年間 346万台出荷	**モバイルノート**（13インチ以下） 年間 122万台出荷
ノーマルユース（表計算、資料作成、年賀状）			
ライトユース（メール、ウェブ閲覧）	**スマホ・タブレット**		

もちろん、何を買うときにでも「予算」の問題はあり、予算内に収まるものを買うという前提ではあります。そのうえで、**人によってパソコンの「使い方」が違い、それによって求める「うれしさ」が違うからこそ、たくさんの種類のパソコンがある**わけです。お客さまはその中から「一番自分に合ったもの（予算も含めて）」を選ぶわけです。

売り手であるパソコンメーカーからすれば、顧客セグメントによってパソコンに求められるものが違うため、それに合わせていろいろなパソコンを出しているわけですね。

この上に、パソコンの出荷台数を重ねたのが前ページの図13です。

これは前述の情報技術産業協会のデータで、このデータがカバーしているのは市場全体の7割前後とされています。このデータから、各セグメントの規模がある程度見えてきます。ハードユースよりはノーマルユースの方が多いと推測できますから、最大市場は「④室内・ノーマルセグメント」でしょう。

どこまで細かく分けるかは、「どこまで細かく打ち手を打てるか」で決まる

ここではパソコンの顧客セグメントを5つに分類しましたが、分けようと思えばどこまでも細かくセグメンテーションをしていくことができます。

たとえば、③「室内・ハードセグメント」（図の左上）は共通して高性能なマシンを買いますが、デザイナーの方はデザイン系に強いマックを、ゲーマーの方は「ゲーム専用パソコン」（ゲーミングPCと呼ばれます）を選ぶでしょう。この二つは同じセグメントの中でも、ニーズが違うために選ぶパソコンが違います。

セグメントをさらに細かく分けて、そのセグメント向けの打ち手が打てるのであれば分けてもいいですが、そこまで細かい打ち手が打てないのであれば、分ける意味がありません。

このように、**どこまで分けるべきかは、売り手が「どこまで細かく打ち手を打てるか」で決まります**。細かく分けるほど、顧客それぞれの「うれしさ」に応えられますが、現実問題としてはその分コストや手間が増えますから分けるにしても限界があります。

どこまでセグメントを分けて、どこまで細かい打ち手を打っていくかというのは、市場の読み、競合の動き、自社の強みや独自資源も含めて考える、まさに「戦略的な総合判断」。マーケターの腕の見せ所です。

「人によって、使い方によってうれしさが違うから分けて対応する」というのがセグメンテーションの基本的な考え方ですが、このセグメンテーションはマーケティングの成否を分ける極めて高度な意思決定。これができたらもう一人前、というより一流です。

セグメンテーションに限らず、マーケティングの考え方は単純です。しかし、その実戦・実行は極めて高度な意思決定の連続です。その中でも、セグメンテーションはマーケティングで一番難しいことの一つです。

だからこそ、考え方自体は単純なものにしておき、実戦・実行における判断をしやすくしておく必要があるのです。

1章 04

顧客を絞らなければ誰にも売れない――ターゲティング

ここまで、主として顧客セグメンテーションについていろいろと見てきましたので、ここからは「ターゲティング」「顧客ターゲット」について理解を深めていきましょう。

マーケティングの実務は、まさに的に対して「細く鋭い矢」を放つイメージ。**絞ったお客さまに振り向いてもらえるように、細く鋭い矢を放つのが「ターゲティング」**です。

狙った顧客に「細く鋭い矢」を放つ1：アイスクリーム

ここで、再びアイスクリームの例に戻ります。ハーゲンダッツの「顧客ターゲット」は誰でしょうか？

前に見た通り、「20代前半の女性」がハーゲンダッツの顧客ターゲットの中核です。

そしてハーゲンダッツが狙う使い方・TPOは、「日常のハレ」とでもいえばいいでし

図14　アイスクリームの人×TPO：ハーゲンダッツ

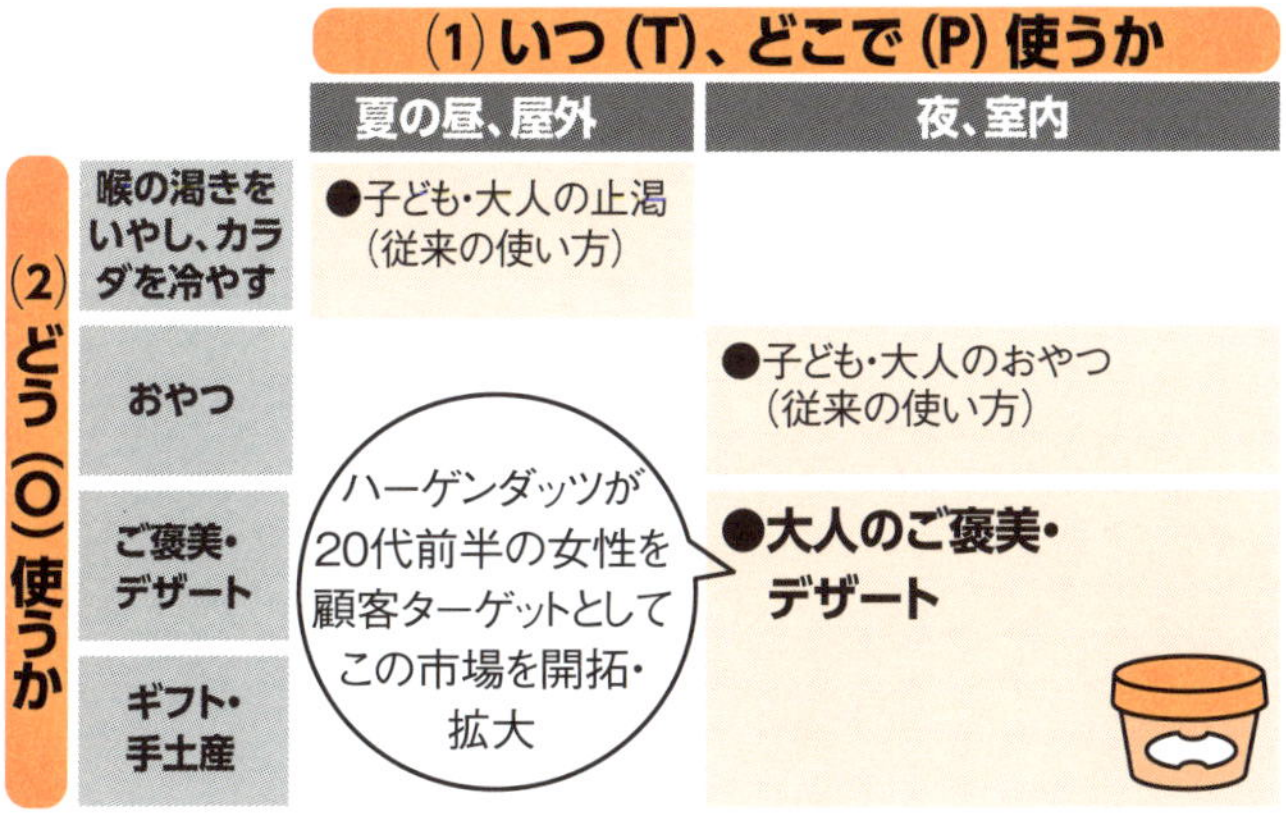

	(1) いつ(T)、どこで(P) 使うか	
(2) どう(O) 使うか	夏の昼、屋外	夜、室内
喉の渇きをいやし、カラダを冷やす	●子ども・大人の止渇（従来の使い方）	
おやつ		●子ども・大人のおやつ（従来の使い方）
ご褒美・デザート		●大人のご褒美・デザート
ギフト・手土産		

ょうか、誕生日などの年1回のお祝いではなく、「日常のちょっとしたご褒美」です。具体的な使い方・TPOは、「自分へのご褒美」「食後のデザート」といった感じでしょう。

同社の公式ウェブサイトでは次のように表現されています。

> ハーゲンダッツは、『うれしい事があった日に、大切な人と、何でもない日の締めくくりに。ハーゲンダッツは日々の生活をちょっとステキな日にランクアップしてくれるご褒美』（ハーゲンダッツウェブサイトより）

ハーゲンダッツは、顧客ターゲットを図の右下、「20代前半の女性を中心とした、自分へのご褒美・食後のデザート」に絞った「細く鋭い矢」のような打ち手をずっと放ち続けることで、独自のうれしさを作ってきたのです。

アイスクリーム流通新聞によれば、2016年度のハーゲンダッツの売上は502億円で、メーカーとしてはロッテアイス、江崎グリコ、森永乳業に続く4位。

顧客を絞っても（絞ったからこそ）、他の並み居る大手メーカーと比肩する売上を誇るハーゲンダッツ。

もちろん他社も、個別の商品で見ればしっかり顧客ターゲットを絞っています。だからこそいくつものヒット商品があるのでしょう。

でも、会社全体としてここまで絞っている会社はそうはありません。ハーゲンダッツは「子ども向け」の商品は一切出していないのです。

逆にいうと、そうしなければ他の並み居る超大手に太刀打ちできなかった、ということでもあるのでしょう。ハーゲンダッツの日本進出は1984年、ゼロからのスタートです。

当時多くのアイスクリームが子ども向けである中、ターゲットを絞り、大人のご褒美デザートという使い方・TPOを訴求してここまで成長してきました。

他社が狙っていない「顧客ターゲット」に細く鋭い矢を放ったからこそ、そのターゲットにグサッと刺さり、強烈な支持を獲得できたのです。

そのTPOは次のようになるでしょう。

- Time：（たとえば冬の）夜、夕食の後
- Place：暖房のきいた室内で
- Occasion：仕事で頑張った自分へのご褒美に
- 求めるうれしさ：贅沢な時間でいやされたい
- 顧客ターゲット：20代前半の女性を中心とした大人

ちなみに、顧客ターゲットを「20代前半の女性」としたとしても、「中年のオジサン」である私もよく食べています。**上手な絞り方をすれば、顧客ターゲットを絞ったからといって、他の顧客ターゲットが買わなくなるわけではない**のです。

逆に、私のような中年のオジサンをターゲットにしたら、20代前半の女性には売れない

でしょう。変なたとえかもしれませんが、カフェなどで男女共用のトイレを使うとします。中年のオジサンである私には、20代前半の女性が入った後に使うのは特に抵抗はありませんが、その逆はかなりイヤですよね。それと似た感覚、といったら変でしょうか？

その意味でも、20代前半の女性を狙う、というのは理に適ったうまいターゲティングです。そこに向けて放った細く鋭い矢は、結果として「同じうれしさ」を求める「30代女性」など他の顧客にも刺さります。

その結果、30代の奥様に「夫婦円満の魔法のギフト」として買っていく中年男性（先ほどの私の知人）にも刺さるわけです。

顧客ターゲットをどう絞り、どこまで「細く鋭い矢」を放てるかというのは、マーケターの腕の見せ所です。

狙った顧客に「細く鋭い矢」を放つ2：ノートパソコン

次に、ノートパソコンのレッツノートのターゲティングを見ていきましょう。

図15　レッツノートの顧客ターゲット

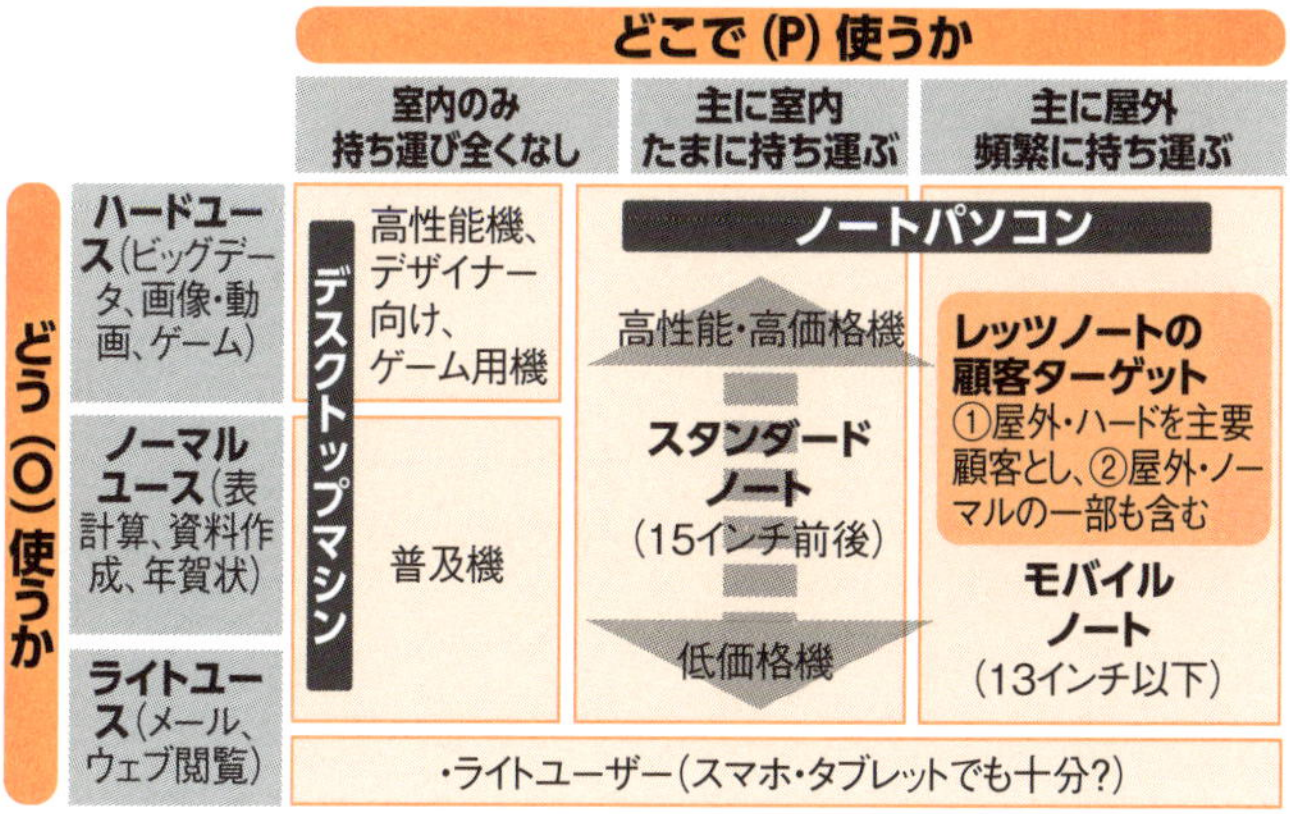

パソコンの「使い方」によるセグメンテーション（P66図11）を再確認してください。レッツノートはこの中のどこを狙っているでしょうか？

レッツノートは、携帯性に優れた高性能な「モバイルノート」です。そしてノートパソコンとしては高価格帯に属します（公式直販サイトでは20万円以上のものが並びます）。

となると、レッツノートの顧客ターゲットはズバリ、上の図15の右上の部分です。

顧客セグメントとしては①「屋外・ハードセグメント」を狙い、結果として②「屋外・ノーマルセグメント」の一部にも刺さる、ということになるでしょう。

そして、このセグメントにいるのはほぼ「ビジネスパーソン」ですから、レッツノートの顧客ターゲットはビジネスパーソンです。2017年秋時点のCMやカタログは、女優さんがビジネススーツでキメて、電車の中やプレゼンで颯爽と使いこなすというイメージで展開されています。

このセグメントに的を絞って「細く鋭い矢」を放つのがレッツノート。パソコン市場の主戦場である③「室内・ハード」と④「室内・ノーマル」の2セグメントは最初から捨てています。レッツノートはデスクトップパソコンや低価格製品は出していません。

これは市場シェアが小さい会社の典型的な戦い方です。パナソニックという会社全体で見れば超大手の「強者」ですが、パソコンという分野に限ればシェア数%の「弱者」。最大手のNECはすべての顧客セグメントに対して矢を放てます（それでも、各セグメントに向けた1本1本の矢は細く鋭くする必要がありますが）。

それに対して、**パナソニックは市場規模が小さい顧客セグメントに的を絞り、そこで圧倒的な強さを発揮している**のです。

市場全体が頭打ちになる中、レッツノートは耐久性などが支持され、2016年度の国内でのパソコン販売台数で約36万台と過去最高を更新しました（2017年1月13日「日本経済新聞」朝刊P13）。

レッツノートは「井の中の蛙《かわず》」だともいえますが、「井の中の蛙」は弱者の戦い方としては最高のほめ言葉なのです。「蛙」が「大海」で戦うべきではありません。

強者は「細く鋭い矢」をたくさん放てる

では「強者」である大手はどう戦えばいいかというと、「細く鋭い矢」を放つという意味では同じです。シェアが大きい大手は多くの顧客セグメントに向けて、多くの「細く鋭い矢」を放てます。矢の太さではなく「本数」の違いです。

大手はたくさんの「細く鋭い矢」を放ち、特定の分野を狙う会社は、「磨き抜かれた細く鋭い矢」を1本だけ放っている、というイメージがわかりやすいでしょうか。

なぜ「細く鋭い矢」かというと、お客さまからすれば「自分が欲しいものを買う」のが当たり前。自分だけに向けた「細く鋭い矢」を放ってくれた商品・サービスを選ぶのです。そのお客さまの頭の中で、「細く鋭い矢」同士の戦いになるわけです。

いずれにしても、「太い矢」はお客さまに刺さりません。その意味では、小規模企業でも「細く鋭い矢」を放てるのであれば、大企業と十分に戦えることをレッツノートの事例は証明してくれています。

顧客を絞ることで存在感を高められる

では、いよいよ「レッツノートの謎」を解き明かしていきましょう。

レッツノートはパソコン全体でのシェアが3・1％であるにもかかわらず、レッツノートと「外で遭遇する率が異様に高い」というのが「レッツノートの謎」でした。

まず、モバイルノートの出荷台数が122万台。レッツノートの出荷台数は約36万台で、それはモバイルノートに絞られています。122万台の中での36万台というのは大きな存在感。122万台という数字は電子情報技術産業協会のデータで、市場全体をカバーしてはいませんが、それでもモバイルノートの2〜3割はレッツノートなのです。

さらに、「モバイルノート」は外出先で使うものです。デスクトップパソコンと外で遭遇するはずがないのです。

「外で遭遇する」というパソコン全体としてみれば限られたTPOにおいて、レッツノートは圧倒的に強い（＝絞った顧客からの圧倒的な支持を得ている）のです。

そしてレッツノートのターゲットはビジネスパーソン。ビジネスパーソンが集まる空港のラウンジで、ビジネスパーソンの圧倒的な支持を得るレッツノートがズラリと並ぶという光景が見られるのは、むしろ自然なのです。

これが「レッツノートの謎」の答えです。

「レッツノートの謎」と大げさにいってみましたが、「屋外で使う」というパソコン全体として見れば少ない使われ方で、圧倒的に強いからこそ、全体でのシェアが低いのにやたらと屋外で遭遇する、というのが謎の「答え」です。

逆にいえば、レッツノートは顧客を、そして市場（戦場）を絞ったうえでそこに細く鋭い矢を放っているからこそ、シェアが小さいにもかかわらず、大手に押しつぶされずに売上を順調に伸ばしているのです。

ではなぜその絞った顧客・市場でレッツノートが強いのか、という疑問が浮かぶと思いますが、それは3章の「強み」のところで見ていきます。

「すべての人が買う雑誌」は存在するか？

ハーゲンダッツもレッツノートも、顧客を絞り、そこに特化した商品やメッセージという「細く鋭い矢」を放っているからこそ、その絞った顧客からの熱い支持を得ています。

「そうはいっても、顧客ターゲットを広げれば人数が増えるから、その分売れるだろう」とお考えになるかもしれません。

しかし、現実は必ずしもそうはなっていないことは、ハーゲンダッツとレッツノートの2例で証明済みです。ここからはその理由を説明していきます。

まず、「顧客を広げた方が売れる」というのは、「競合」を無視した話です。

ここに3種類の雑誌があるとします。

（1）万人向けの雑誌
（2）男性向けの雑誌
（3）女性向けの雑誌

どれが売れるでしょうか？　世の中の男性は「男性向けの雑誌」を買うでしょうし、女性は「女性向けの雑誌」を買いますよね。

すると、「万人向けの雑誌」は、万人向けであるがゆえに誰も買わないのです。

これは単純な理由で、お客さまは、**自分が**欲しいモノを買うからです。つまり、より**自分に合ったモノ**を買いたい。**顧客ターゲットを広くとった商品・サービスは、顧客ターゲットを絞った競合に負けてしまうのです。**

売り手はつい「お客さまを広げればたくさんのお客さまに買ってもらえる」と考えがちですが、競合がいるため、必ずしもそうはならないのです。**「万人向けにしたがために、かえって売れない」というのは、マーケティングにおける〝あるある〟の一つ**です。

図16　万人向けの雑誌を誰が買う?

ウソだと思われたら、書店の雑誌売り場に行ってみてください。「万人向けの雑誌」が売れるのであれば、雑誌は売り場に1種類しかないはずです。

現実には、すさまじい数の雑誌が出ています。10代女性向けでは2、3歳刻みで読者対象が異なる数多くの雑誌があります。「10代すべて」を狙ったような雑誌などは、あり得ないのです。

「自分が絞らなければ、絞ってきた競合に負ける」。これが顧客を絞る理由の一つです。

お客さまは「自分に向けた商品」が欲しい

「顧客を絞る」べき理由はもう一つあります。

２０１１年、ソニーはモバイルバッテリー（携帯型の充電池）を販売していました。今では持っている人も多いでしょう。家で充電しておいて、外で電池残量が心配になったスマホやタブレットを充電するものです。２０１１年当時は、まだ今ほど普及していませんでした。

ソニーは、中身が同じ製品を違うパッケージで出しました。繰り返します。中身が同じで、違うパッケージです。パッケージにはそれぞれ次のようなメッセージが書かれていました。

（1）万能用「2つの機器へ同時に給電可能！　幅広い機器に対応！（携帯電話、Xperia、iPhone、ウォークマン、iPod、iPad、サイバーショット、ハンディカム）」

（2）スマホ用「Xperia、iPhone などスマートフォンの充電に！　約2回分充電可能」

さて、万能用とスマホ用、どちらのパッケージの製品が売れたと思われますか？

答えは……スマホ用。しかもそちらの方が約９倍（!!）も売れたのです（日経ＭＪ２０１１年８月26日Ｐ３）。

図17　中身が同じ携帯用充電池、どちらが売れる？

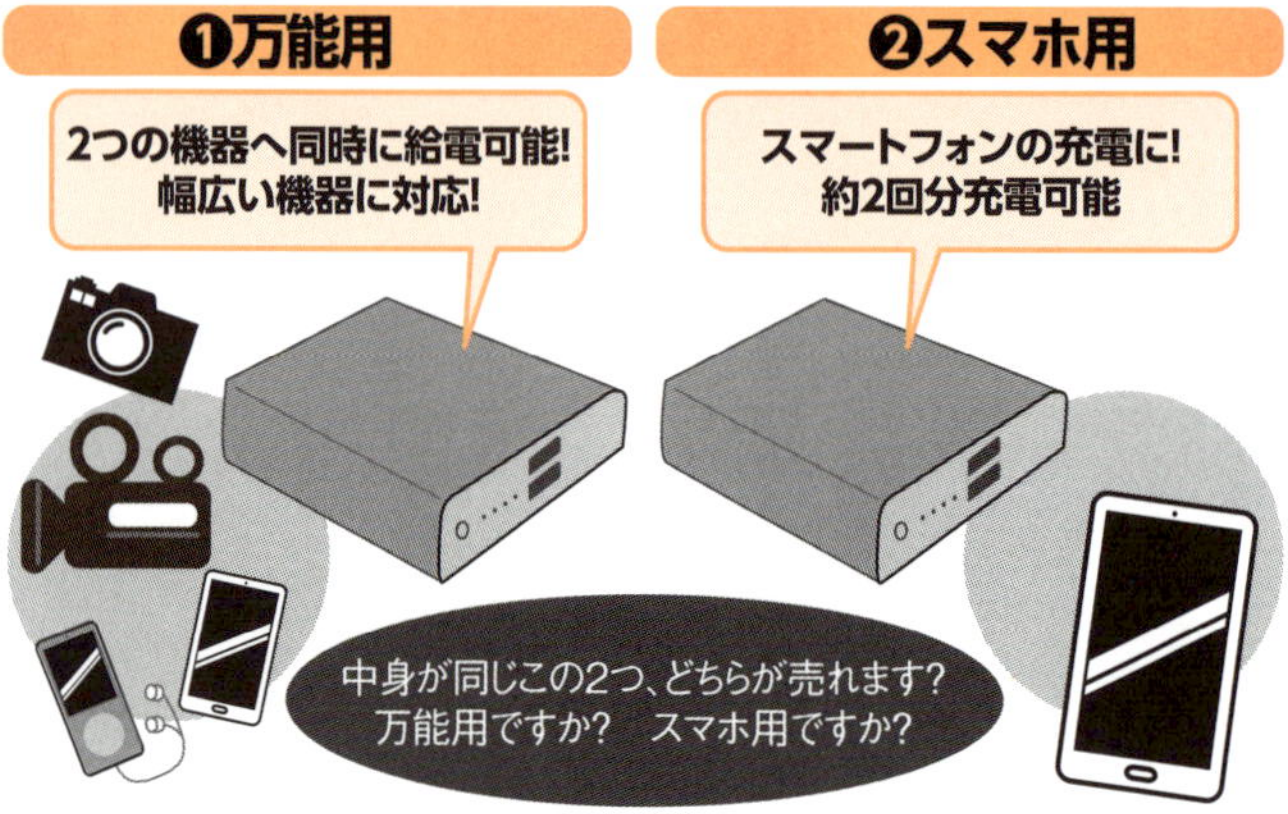
❶万能用
2つの機器へ同時に給電可能！
幅広い機器に対応！
❷スマホ用
スマートフォンの充電に！
約2回分充電可能
中身が同じこの2つ、どちらが売れます？
万能用ですか？　スマホ用ですか？

「万人向け」「万能」にしたものは売れず、「スマホユーザー向け」「スマホ用」にしたら売上が9倍になるのです。

理由は二つ。まず一つ目は、「万人向け」「万能」といわれても、誰も「自分向け」の商品と気づきません。当然、売れません。しかし「スマホユーザー向け」「スマホ用」といわれれば、少なくともスマホユーザーには振り向いてもらえます。

そして、「スマホ用」のパッケージであれば、きちんと「スマホ売り場」に置いてもらえます。スマホ売り場にスマホ用の充電池が置いてあれば、そこを訪れる人に振り向いてもらえるわけですね。「絞った顧客にきちんと届ける」ことで振り向いてもらえるのです。

「デジカメも充電できる！」といったところで、デジカメの電池が不足するほど外でデジカメを使い続ける、ということはあまりないでしょう。モバイルバッテリーを買う意味はあまりないわけです。対して、スマホは外で使い続けて、すぐ電池切れになりますよね。

もう一つの理由は、顧客ターゲットをスマホユーザーに絞ったとしても、スマホユーザーは多数いるから。2016年の時点でスマホの世帯普及率は71・8％。実は客数が多いところに絞っているのです。

「すべての皆さん！」と呼びかけると、誰にも気づいてもらえません。「スマホをお使いのあなた！」と絞って呼びかけることで、お客さまに振り向いてもらえるのです。**顧客の絶対数の多い少ないではなく、「振り向いてもらえる顧客数」の多い少ないで売上が決まるのです。**

ここまで見てきた、顧客を絞るべき二つの理由をまとめておきます。

（1）万人に売ろうとすると、お客さまは絞ってきた競合の方を選ぶ
（2）「すべての皆様！」と呼びかけると、誰にも振り向いてもらえない
「顧客を広げよう」とすると、かえって顧客を広げられない（こともある）のです。

ハーゲンダッツは、使い方・TPOは「自分へのご褒美」「食後のデザート」に絞っています。そして、顧客ターゲットも「20代前半の女性」とかなり絞っています。

さらに、絞った結果として、「大人のちょっとした贅沢」というかなり広い使われ方になっています。これは実はマーケティングではよくあること。**大人全員を狙おうとするとかえって広がらず、「20代前半の女性」に絞ったことで結果として「大人全員」に刺さる**のです。

「どこを絞って、どこを広げるか」が腕の見せどころ

それでもとにかく何とかして広げたいという場合は、「どこを絞って、どこを広げるか」という判断になります。

ハーゲンダッツは顧客を絞ったままで味のバリエーションを増やし、期間限定フレーバーの新商品を高頻度で出すことで**購買頻度を高める**、という広げ方をしています。

レッツノートは、「モバイルノート」に絞ったうえで、画面のサイズのバリエーションを広げています。10・1型から14・0型までと、ざっくりいえば「かなり小さい」ものから「かなり大きい」ものまでそろえています。

これは、①屋外・ハードセグメントに絞ったうえでの、さらに「小さなセグメンテーション」ともいえます。①屋外・ハードセグメントの中で、「とにかく小型を求めるセグメント」と「それなりに大型のものを求めるセグメント」があり、両方に対応しているわけです。

知り合いの女性経営者がレッツノートユーザーです。彼女は子育て中で、レッツノートをどこにでも持ち歩き、スキマ時間に仕事をします。そのため超小型（ほぼB5サイズ）の機種を使っています。私にとってはその機種は小さすぎてキーボードが打ちづらいのですが、彼女いわく「打てる打てないではなく、これ以上大きいと持ち運べない」とのこと。子どもを抱きかかえて移動することもあるそうで、とにかく小型・軽量が最優先でした。

その一方で、「もっと見やすい方がいい」という人、使い方もあるわけで、そういう方はレッツノートの中でも大型の機種を買うでしょう。

レッツノートは、「①屋外・ハードセグメント」に絞ったうえで、画面サイズについては多様性を持たせて広げている、というわけです。

どこを絞ってどこを広げるかというのは、「どの顧客のどんなうれしさに応えるか?」というマーケティングの基本であり、そして一番難しい判断の一つです。

その答えを知っているのは……売り手でも、ましてや私でもなく……お客さまです。ファンがたくさんいて売上もしっかりあげている商品・サービスは、正しい判断をしていることになります。

ただ、「いついかなるときも絶対に、間違いなく正解」というものはなく、競合や強みなど、他の戦略上の要素と全体の一貫性を考えながら、地道に正解を見つけていくことになるわけです。

1章 まとめ

- お客さまはそれぞれ違う「うれしさ」を求めているから、分けて対応する必要がある。分けることを「顧客セグメンテーション」と呼び、分けられた一つひとつのグループを「顧客セグメント」（または単に「セグメント」）と呼ぶ。
- すべてのお客さまに売ることはできないので、どこかに狙いをつける。狙った顧客セグメントを「顧客ターゲット」と呼ぶ。狙いをつけることを「ターゲティング」と呼ぶ。
- 同じ人でも、使い方・TPOによって求めるうれしさが変わる。人×使い方・TPOでセグメントに分けるのが実戦的なセグメンテーションのやり方となる。
- お客さまは「自分向けの商品・サービス」を買いたいから、「細く鋭い矢」の方が刺さる。万人向けにすると、かえって売れなくなる。

2章
戦場・競合
お客さまに同じうれしさを提供する
他の選択肢は何か？

2章 01

その商品・サービスはどこで、誰と戦っているのか

ここまで、商品・サービスが「お客さまに提供するうれしさ」を中心に話が進んできました。「お客さまの立場で考える」という顧客視点が、マーケティングの中心的な考え方だからです。

ここからは「売り手としてどう考えるべきか」という視点を少しずつ加えていきます。マーケティングは、基本的には「売り手が売上を伸ばす」ための考え方だからです。ただ、その売上を伸ばすこととは、つまりはお客さまのうれしさを向上させることですから、その中心は「お客さまに提供するうれしさ」にあることは不変です。

競合とは「お客さまのアタマに浮かぶ他の選択肢」

顧客の次に考えるべきことが、「戦場・競合」です。このあたりからいわゆる「戦略」

的な視点が強く入ってくることになります。

すべての商品・サービスにライバル、すなわち「競合」がいます。そして、自社の商品・サービスと「競合」が戦っている場所が「戦場」です。

売り手から見て、「戦場」が自分が戦っている場所で、「競合」はその戦う相手です。

「競合」とは誰のことか、再びパソコンを例に考えていきましょう。

あなたがパソコンを買うとき、買う機種をどのように選んでいくでしょうか？

候補をいくつか選び、その性能や価格を比較しながら絞り込んでいきますよね。つまり、いくつかある選択肢から選んでいくわけですね。

逆に売り手から見ると、自社製品を含むいくつかの選択肢からお客さまに選ばれることで買っていただけます。この**「お客さまのアタマに浮かぶ他の選択肢」が「競合」**です。

ここからわかるように、競合は「お客さまのアタマの中での比較対象」ですから、お客さまが決めるもの。つまり、**誰が競合となるかを決めるのはお客さま**なのです。

そして競合ではなく自社製品が選ばれれば自社の「勝ち」となり、自社の売上が増えるわけです。

リピーターの場合、競合と比較するという過程が必ずしもあるとは限りません。ただし、それは競合がないように「見える」だけであって、初めて買うときには普通は競合との比較にさらされますし、競合に「浮気」されることもあるわけです。

戦場とは「自社と競合が戦う場」

お客さまのアタマに浮かぶ他の選択肢が競合ですが、「戦場」は自社と競合が戦っている場所です。**戦場がある場所は、お客さまのアタマの中。お客さまのアタマの中で、「自社を選んでいただく」ための戦いが繰り広げられている**わけです。

経営における「戦い」はボクシングのような「血みどろの殴り合い」というよりは、フィギュアスケートのような「採点競技」に近いです。

フィギュアスケートでは、それぞれの競技者が最高のパフォーマンスをしたうえで、ジャッジがその優劣を決めます。

経営も同じで、自社も競合も最高のパフォーマンスをしたうえで、決めるのは「お客さま」。お客さまのアタマの中でのお客さまに選ばれるための戦いですから、最重要視すべきはお客さまです。

ただ、お客さまは比較対象として競合を見ているので、お客さまに選ばれるためには競合についてもキチンと考えておく必要がある、ということです。

では、一体何が自社商品・サービスの「競合」になるのでしょう？　誰が競合になり、誰が競合にならないかという基準は何でしょう？

答えは単純。お客さまの求める「うれしさ」がその基準となります。**自社の商品・サービスと同じうれしさを提供するものが「競合」となり、そのうれしさが「戦場」**となります。

パソコンを例に、もう少し具体的に見ていきましょう。

多くの商品・サービスにおいて、競合は「同様の商品・サービス」であり、同業種・同業態の商品・サービスです。ノートパソコンの競合は、サイズや性能が似通ったノートパソコンであることが多いです。お客さまはスペック（性能）、サイズ、価格などを比べながら、自分の「使い方」に合ったノートパソコンを選んでいきます（だから「使い方・TPO」で選ぶパソコンが変わるわけです）。

しかし、ノートパソコンはノートパソコンとだけ競合するのではなく、デスクトップパソコンと競合する場合もあり得ます。

「室内のみ・持ち運びまったくなし」という使い方でも、パソコンを置く机が狭い場合、小型デスクトップパソコンと、スタンダードノートが競合します。ノートパソコンを「持ち運ばない省スペースパソコン」として使うのです。

デスクトップパソコンとノートパソコンという大きさも形も「違うモノ」が競合するのは、それぞれが提供する「うれしさ」（＝使い方・TPO）が同じだからです。この場合、「狭い机でも使える」というTPOの「P」（場所）が「競合」を決めています。

「狭い机でも使える」という「使い方・TPO」の場合、その「狭い机で使える」選択肢が競合となり、「狭い机でも使える」パソコンという「戦場」で「小型デスクトップパソコン」と「スタンダードノート」が戦うことになります。

パソコンの「戦場」の分析は、実はすでに終わっています。

1章P66の図11「パソコンの『使い方』によるセグメンテーション」をご参照ください。

図18　パソコンの「人×使い方・TPO」による戦場

どう（O）使うか ＼ どこで（P）使うか	室内のみ 持ち運び全くなし	主に室内 たまに持ち運ぶ	主に屋外 頻繁に持ち運ぶ
ハードユース（ビッグデータ、画像・動画、ゲーム）	③ 室内・ハードユース戦場（IT戦場・デザイン戦場・ゲーム戦場）		① 屋外・ハードユース戦場
ノーマルユース（表計算、資料作成、年賀状）	④ 室内・ノーマルユース戦場		② 屋外・ノーマルユース戦場
ライトユース（メール、ウェブ閲覧）	⑤ ライトユース戦場		

「どこで使うか」「どう使うか」で、選ぶパソコンが変わるのです。

そして、これがそのまま「戦場」になります（上の図18）。その「戦場」により、お客さまが選ぶ選択肢である「競合」が変わるのです。

さらに、「戦場」（＝使い方・TPO）が変われば「競合」が変わります。

「①屋外・ハードユース戦場」「②屋外・ノーマルユース戦場」では、「主に屋外・頻繁に持ち運ぶ」という使い方・TPOとなり、その戦場にはデスクトップパソコンは入れません。

お客さまが求める「うれしさ」（＝「主に屋外・頻繁に持ち運ぶ」という使い方・TPO）を満たさないからです。

先ほど、競合は「お客さまのアタマに浮かぶ他の選択肢」と申し上げましたが、ここでより正確な表現にいい直します。

競合は「ある使い方・TPOにおいて、お客さまのアタマに浮かぶ他の選択肢」です。同じ「うれしさ」を提供する（＝同じ「使い方・TPO」となる）商品・サービスが競合するのです。

その結果として、「顧客セグメンテーション」と「戦場・競合」が重なります。

うまく「顧客セグメント」ができると、それと「戦場・競合」は同じものになるのです。どういうことでしょう？

顧客セグメンテーションとは、「お客さまを、求めるうれしさの違いでグループ分けすること」でした。顧客セグメントは「同じうれしさ」を求める、すなわち同じ「使い方・TPO」をする人の集まりです。

そして、競合とは「同じうれしさを提供する選択肢」であり、戦場はその「うれしさ」（＝使い方・TPO）によるくくり、です。

・顧客セグメント　「同じうれしさ」を求める人×使い方・TPO
・戦場・競合　　　「同じうれしさ」を提供する選択肢

ですから、**うまく「うれしさ」で切れていれば、「顧客セグメント」＝「戦場・競合」となる**のです。

1章P69の図12「パソコンのセグメントと選ぶパソコン」を再度参照してください。「顧客セグメント」と「競合」が一致していることがわかります。

「うれしさ」「使い方・TPO」が同じだから競合する

ポイントは**モノが似ているからではなく、提供している「うれしさ」が同じ、「使い方・TPO」が同じだから競合する**、ということです。

「ご飯」（お米を炊いたもの）と「パン」（小麦粉をひいてこねて焼いたもの）という、まったく違う商品が競合するのはこのためです。「食事の主食」という「使い方・TPO」（＝

戦場）が同じだから競合するのです。

固定電話と携帯電話も通信方式がまったく異なりますが、「誰かと話す」「ネットにつなぐ」という「使い方・ＴＰＯ」は共通ですから競合します。

営業パーソンの方は、大事なお客さまを接待することがあるかもしれません。その大事なお客さまを接待するという「うれしさ」（＝使い方・ＴＰＯ）で、あなたのアタマの中で高級フレンチ、高級寿司、高級鉄板焼き、などのまったく違う業種・業態が競合するでしょう。

逆に、回転寿司と高級寿司は出すモノは似ていますが、使い方・ＴＰＯが違うので競合しません。回転寿司は日常使い、高級寿司は接待や記念日と、使い方・ＴＰＯが違うのです。

商品・サービスが似ているから競合するのではなく、商品・サービスが似ていれば結果として提供する「うれしさ」が同じになるから競合するのです。業種業態などは関係なく、あくまで「うれしさ」で競合するのです。

そして、**「うれしさ」は「使い方・ＴＰＯ」で決まりますから、同じ「使い方・ＴＰＯ」**

で使われるものが「競合」となり、その「使い方・TPO」がそのまま「戦場」となるのです。

お客さまは自分の求める「うれしさ」に合った商品・サービス、自分の使い方・TPOに合った商品・サービスを選択肢として選ぶのですから、「うれしさ」「使い方・TPO」が競合を選ぶ基準となり、それが「戦場」となるのは、お客さまからすれば当たり前ですね。

「うれしさ」が同じならカテゴリの違う商品も競合になる

ここまでパソコンの話が続きましたが、アイスクリームの場合はどうでしょう。ハーゲンダッツの「戦場」はどこで、「競合」は誰でしょうか？

まずは、ハーゲンダッツと同価格帯の高級アイスクリームが競合になるでしょう。アイスクリームに限りませんが、通常は価格帯が近い商品・サービス同士が競合し、価格帯がまったく違う商品・サービスは競合になりません。

回転寿司と高級寿司が競合しないのはこのためです。「使い方・TPO」によって予算が変わるわけです。最近は、ハーゲンダッツと価格帯が近い300円前後のカップアイスもよく見かけるようになってきており、このあたりの「同価格帯の高級アイスクリーム」が、まずはハーゲンダッツの「競合」ですね。

ここで質問です。あなたが「仕事で頑張った自分へのご褒美」としてハーゲンダッツを買いに行ったものの、そのお店にハーゲンダッツがなかったとしたら何を買いますか？

競合とは、「ある使い方・TPOにおいて、お客さまのアタマに浮かぶ他の選択肢」のこと。この質問は、あなた（＝お客さま）にとっての競合を確認するためのものです。

「仕事で頑張った自分へのご褒美」というのは、そのまま「戦場」（＝使い方・TPO）を表しているわけです。

この質問に対する答え（＝ハーゲンダッツの競合）は、他の高級アイスクリームだけとは限りません。ケーキになるかもしれませんし、高級ぶどうの「シャインマスカット」なども競合するかもしれません。

「仕事で頑張った自分へのご褒美」戦場では、高級アイスに加え、ケーキやフルーツなどの他のスイーツが競合します。なぜなら、これらはみな「ご褒美」という共通のうれしさをあなた（＝お客さま）に提供するからです。

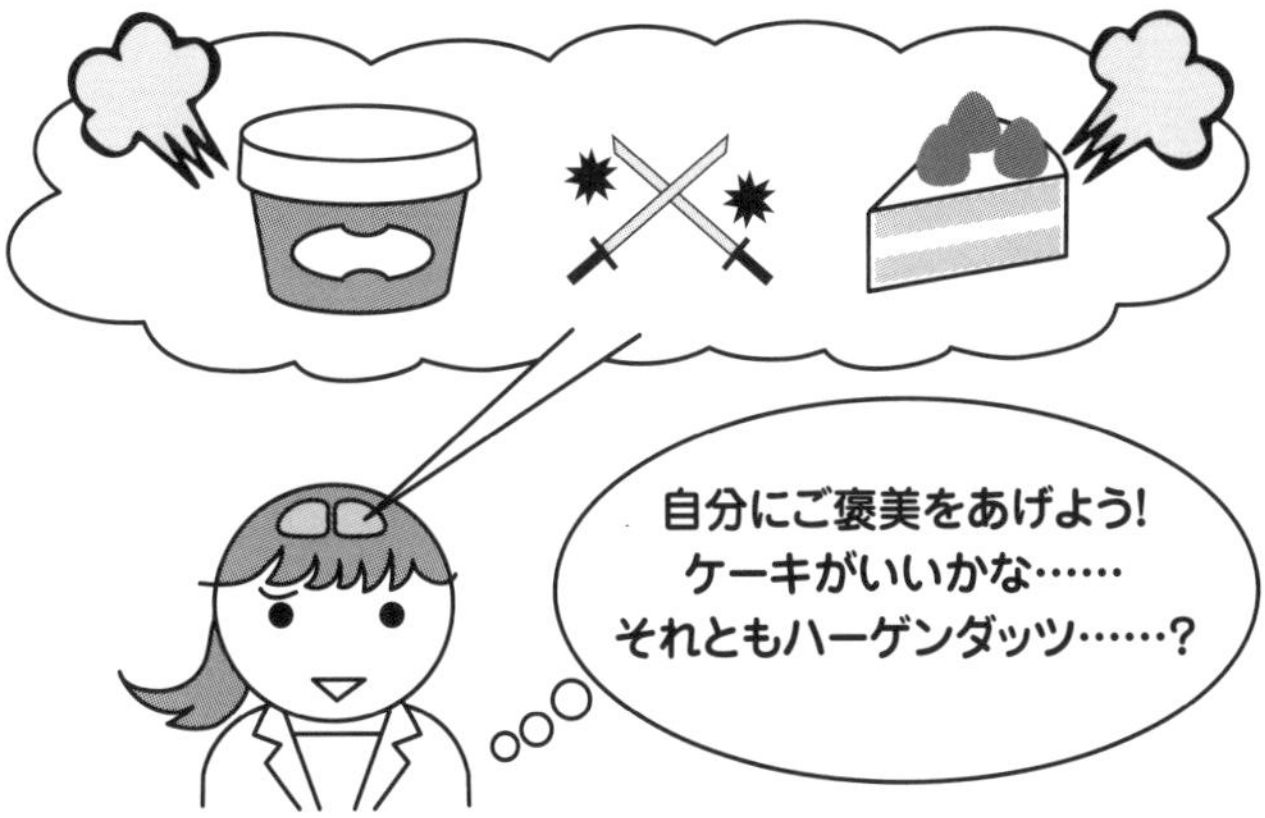

お客さまが買っているのは、モノではなく「うれしさ」。そのうれしさをめぐって戦うわけですから、そこが「戦場」（この場合は「自分へのご褒美戦場」）となるわけです。

「モノが同じだから競合する」のではなく、「もたらすうれしさが同じだから競合する」のであり、商品・サービスはもたらす「うれしさ」をめぐって日々戦っているのです。

では、当のハーゲンダッツはどう考えているのでしょうか？　再びハーゲンダッツジャパンの馬瀬社長の言葉です。

「競合を意識するのはケーキや果物。栄養をとるためでなく喜びを得るために食べているもの

です」（日経MJ2016年2月8日P3）

ハーゲンダッツの戦場・競合（＝同じうれしさを提供するもの）は、まさに「ケーキや果物」だと当のハーゲンダッツは考えているわけです。

「競合」をケーキや果物として、そこから売上をとろうとしている、ともいえます。競合をケーキとすることで、より大きな「戦場」が狙えるわけです。

参考までにケーキ類とアイスクリームの市場規模を比較してみます。家計調査の「ケーキ」「ゼリー」「プリン」「他の洋生菓子」の1世帯の年間消費金額は1万4602円。「アイスクリーム・シャーベット」が7263円ですから（総務省家計調査2016年・総世帯）、ケーキ類の市場はアイスクリームの倍以上ですね。

そして、戦場が変われば「競合」が変わるのもパソコンと同じです。

「真夏の炎天下に子どもと遊び回ったあと」という戦場（＝うれしさ＝使い方・TPO）では、アイスクリームはケーキではなくコーラなどと競合するのです。同じアイスクリームでも戦場（＝使い方・TPO）が変われば、競合が異なるのです。

「自分がハーゲンダッツを買うときには競合がいない。選択肢は他にない」とおっしゃるかもしれません。

ただ、「ハーゲンダッツを買おう」と考える前に、「今日は頑張った。たまには自分にご褒美をあげてもいいか。どんなご褒美にしようかなあ……甘いモノか、ケーキか……」といった、無意識的な思考があるのではないでしょうか？　そして、その無意識の思考の結果として、「そうだ、ハーゲンダッツにしよう！」とアタマに明確に浮かんでくるわけです。

その意味では「ハーゲンダッツとその他の競合との比較」を無意識に行っているのかもしれません。その場合は、他の選択肢（＝競合）との比較を無意識に行っていることに気づいていないだけであって、競合がないわけではありません。

2章 02

「競合」する商品・サービスは、お客さまや使い方・TPOによって異なる

競合は「ある使い方・TPOにおいて、お客さまのアタマに浮かぶ他の選択肢」。

そして、競合は自分の使い方・TPOに合わせてお客さまが決めるものです。

そうなると……お客さまによって競合が変わるということにもなります。

またパソコンの事例に戻りましょう。レッツノートの競合は誰でしょうか？

①屋外・ハードセグメントでは、高性能・高価格なモバイルノート同士がお客さまの選択肢（＝競合）となります。レッツノートはこのセグメントが主な顧客ターゲットであり、直接の競合は東芝のダイナブックなどの他の高性能モバイルノートでしょう。

②屋外・ノーマルセグメントでは、それほど高性能ではない普及価格帯のモバイルノートがお客さまの選択肢（＝競合）となります。レッツノートはこの層の一部も顧客ターゲ

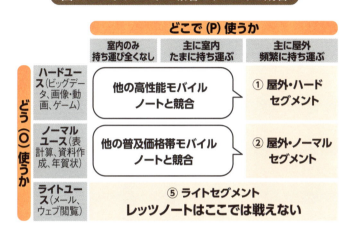

図19　レッツノートの顧客セグメントと競合

どう（O）使うか ＼ どこで（P）使うか	室内のみ 持ち運び全くなし	主に室内 たまに持ち運ぶ	主に屋外 頻繁に持ち運ぶ
ハードユース（ビッグデータ、画像・動画、ゲーム）	他の高性能モバイルノートと競合		① 屋外・ハードセグメント
ノーマルユース（表計算、資料作成、年賀状）	他の普及価格帯モバイルノートと競合		② 屋外・ノーマルセグメント
ライトユース（メール、ウェブ閲覧）	⑤ ライトセグメント レッツノートはここでは戦えない		

ットにしているでしょう。

⑤ライトセグメントでは、ノートパソコンがスマホやタブレットと競合します。「メール・ウェブ閲覧」という「使い方・TPO」では、パソコンの代わりにスマホやタブレットでもいいからです。そしてレッツノートはこの顧客セグメントの選択肢にはなりません。⑤ライトセグメントのお客さまにとっては、レッツノートは高価・高性能すぎるのです。

このように、**顧客セグメントによって、そして使い方・TPOによって競合（＝アタマに浮かぶ選択肢）が変わります。**

アイスクリームの場合でも、「自分へのご褒美」や「女子会の手土産」として使う20代前半の女性にとっては、ハーゲンダッツの競合は高級アイスやデパ地下のケーキなどのスイーツになるでしょう。
「女子会の手土産」の場合は、みんなに「キャー、これ食べてみたかったのー」といってもらえるという意味で、「最近できたばかりのスイーツ店の話題のケーキ」などは強力な競合になるでしょう。知人の20代女性は、女子会のような「使い方・TPO」ではケーキがピッタリ、といっていました。

「夫婦円満の魔法のギフト」としてハーゲンダッツを奥様に買って帰る私の知人の場合は、デパ地下のケーキに加えて、花も競合になるかもしれません。
というのも、ハーゲンダッツと花は、この知人に「夫婦円満」「家庭内平和」という同じ「うれしさ」をもたらすからです。「いつもハーゲンダッツだったから、今日は花を買ってきたよー。いつもおつかれ様」と奥様に渡せば、これも「夫婦円満」をもたらしてくれそうですよね？

もたらすうれしさが同じであれば、それは競合となり得ます。先日、私の自宅近くの花屋で赤いバラの花が5本399円で売っていましたが、価格帯としてもかなり近いので、十分競合となりそうです。どちらがうれしいかを決めるのは、もちろんお客さまです。

この「女子会の手土産」「夫婦円満の魔法のギフト」では、コンビニのケーキは選択肢に入れにくいですよね。コンビニのケーキはおいしいですが、自分で買って自分で食べるものでしょう。

それに対して、ハーゲンダッツはコンビニで売っているのに手土産・ギフトになり得る、というのがすごいところ、だともいえます。

顧客セグメントや使い方・TPOで「戦場・競合」が変わる

もうお気づきかと思いますが、アイスクリームの場合も、1章で見た使い方・TPOがそのまま戦場になります。そして、その戦場によって競合が変わります。

ハーゲンダッツはすべての戦場で戦っているわけではまったくなく、次ページ図20の下の方の「大人のご褒美・デザート戦場」に絞っています。

図20　アイスクリームの人×使い方・TPOによる「戦場」

		(1) いつ(T)、どこで(P)使うか	
		夏の昼・屋外	夜・室内
(2) どう(O)使うか	喉の渇きをいやし、カラダを冷やす	●「子ども・大人の止渇」戦場:ガリガリ君など	
	おやつ		●「子ども・大人のおやつ」戦場:カップアイス、あずきバーなど
	ご褒美・デザート		**●「大人のご褒美・デザート」戦場:ハーゲンダッツの主戦場**
	ギフト・手土産		

ハーゲンダッツの立場から、この戦場をもう少し細かく分けて整理したのが次ページの図21です。図20の右下の戦場に、ズームインしていったイメージです。

このように、同じアイスクリームでも、そして同じハーゲンダッツでも、顧客によって、使い方・TPOによって求めるうれしさが変わり、それによって戦場が変わり、競合が変わる、ということがわかります。

・顧客や使い方・TPOが変われば、求めるうれしさが変わる
・求めるうれしさが変われば戦場が変わる
・戦場が変われば、競合が変わる

図21　ハーゲンダッツから見た顧客と戦場

	顧客	戦場＝使い方・TPO	求めるうれしさ	競合
1	20代前半の女性	「仕事で頑張った自分へのご褒美」「ちょっと辛いときの元気づけ」	いやされたい、自分を認めてあげたい	他の高級アイス、ケーキ・果物などのスイーツ
2	20～30代女性	「女子会の手土産」として持っていき自分の役割を果たす	みんなで食べて盛り上がり、みんなにほめてもらえる	デパ地下のスイーツ
3	子育て中の妻を持つ男性	夜遅く奥様が待つ家で子育てお疲れ様と言って奥様に渡す「夫婦円満の魔法のギフト」	奥様の機嫌が少し直り、家庭内平和がもたらされる	他の高級アイス、スイーツ、バラの花

という、「こちらが変われば、あちらも変わる」という関係にあるのです。

平たい表現にすると、「同じ人でも時と場合によって欲しいモノは違うし、そのときによって比べる対象も違うよねー」という感じです。

ここで、「先ほど、顧客は絞れといったではないか。こんなに広げていいのか」という質問が浮かんだあなた、素晴らしいです。

ハーゲンダッツからすれば、上の図21にある1の「20代前半の女性」という顧客と戦場に絞り、2や3はその結果として獲得できている、というところでしょう。

1の「20代前半の女性」のご褒美戦場に刺さ

っているから、結果として2や3の顧客・戦場もとれている、ということです。

先ほども説明しましたが、顧客セグメンテーションがうまくできると、それと「戦場・競合」は同じものになります。

今回のハーゲンダッツも、「うれしさ」(=使い方・TPO)で切っているために、「顧客セグメント」=「戦場・競合」となっています。

アイスクリームというモノで切ると、ハーゲンダッツの「競合」は「他の高級アイス」「ケーキ」「花」が同時に入ってきてしまいます。しかし、「うれしさ」で切れば、「他の高級アイス」「ケーキ」「花」が競合するとき(=使い方・TPO)がそれぞれに違うことがわかるのです。

「競合との戦い」は、お客さまのアタマの中における「うれしさ競争」

ここまでをまとめると、戦場とは「うれしさ」(=使い方・TPO)そのものであり、競合は「同じうれしさ」（＝同じ使い方・TPO）を提供する他の商品・サービスです。中核にあるのは、お客さまの求める「うれしさ」です。

マーケティングとは、「お客さまのアタマの中の戦場で起きる、うれしさをめぐる戦い」であり、「うれしさ競争」なのです。

ハーゲンダッツが勝つ（＝売れる）のは、競合より大きなうれしさをお客さまに提供し、お客さまに選ばれるからなのです。

さて、そうなると「自分の競合は一体誰なのか？」という話になりますね。

それを知っているのは……はい、お客さまです。競合を知る最良の方法は、お客さまに聞くことです。「もしうちの商品・サービスがなかったら、何を買いますか？」と聞いたときの答えが、あなたの商品・サービスの競合です。

その聞き方については入門書の範疇を超えるので割愛しますが、マーケティングを実戦していく際には、このようなことをお客さまに一つひとつ確認していくことが極めて大切なのです。

そして、あなたが何かを買うときに「今、私は何と何を比べたんだろう？　それはなぜだろう？」と考えるのは大変よいマーケティングの訓練になります。私たちの日常の買い物こそがマーケティングだからです。

2章 まとめ

- 世の中には、お客さまに「同じようなうれしさ」を提供する選択肢はいろいろある。お客さまが何かを買うときに、「お客さまのアタマに浮かぶ選択肢」が競合となる。
- お客さまは「うれしさ」を求めて何かを買う。その「うれしさ」を提供する選択肢が競合であり、「同じうれしさをめぐって争っている場」が戦場となる。「うれしさ」はお客さまのアタマの中にあるものだから、戦場もお客さまのアタマの中にあるもの。
- 顧客によって競合が変わり、戦場によっても競合が変わるという、「こちらが変わればあちらが変わる」関係にある。
- マーケティングとは、「お客さまのアタマの中の戦場で起きる、うれしさをめぐる戦い」。

3章
強み

お客様が競合ではなく
自社を選ぶ理由（独自のうれしさ）は何か？

3章 01

「強み」は、「お客さまが競合ではなく自社を選ぶ理由」

お客さまは、より大きな「うれしさ」を自分にもたらしてくれる方を選ぶ

ここまで、

序章　うれしさ　お客さまは「うれしさ」を買っている

1章　顧客　誰がどんなときにどんなうれしさを求めるか？

2章　戦場・競合　お客さまに同じうれしさを提供する他の選択肢は何か？

と見てきました。

次に考えるべきことが「強み」。本章は「強み」についてです。

私たちが顧客として何かを買うとき、普通はいくつかの選択肢の中から選んでいきます。その選択肢が互いに「競合」となります。そして、その選択肢の中から一つを選びます。選ぶときには、当然「選ぶ理由」があります。その「お客さまが選ぶ理由」がその商品・サービスの「強み」です。

売り手から見ると、「強み」は「お客さまが競合ではなく自社を選ぶ理由」です。競合ではなく自社を選ぶ理由ですから、当然競合にはないものが「強み」です。

お客さまは、いくつかの選択肢（＝競合）から自分がより大きな「うれしさ」を得られる選択肢を選びます。

その意味では、**強みは自社商品・サービスが提供するうれしさと、競合がもたらす「うれしさ」との差、すなわち「競合とのうれしさの差」**です。自社商品・サービスの「独自のうれしさ」とも言えます。「機能・性能の差」ではなく「うれしさの差」です。「うれしさ」が同じであれば価格が安い方がうれしいので、お客さまは安い方を選びます。

つまり、**「強み」とは「お客さまが競合ではなく自社を選ぶ理由」であり、それは「競**

合とのうれしさの差」となるのです。「強み」をさらに平易な表現でいえば「ウリ」ですね。「強みは何か」という問いは、「ウリは何か」という問いと同じ意味になります。

序章で、マーケティング戦略とは「お客さまに選ばれる理由をつくること」だとお話ししましたが、それがまさに「強み」を意味します。戦略とは、「強みを活かして戦うこと」です。

強みは「**お客さま**が**競合**ではなく自社を選ぶ理由」ですから、**顧客**と**競合**が明確化されなければ強みがわかりません。

ですから、本書の章立ては「顧客」（1章）が「競合」（2章）ではなく、自社を選ぶ理由としての「強み」（3章）という順番になっているのです。

「顧客ターゲット」と「強み」は合っているか

では、再びパナソニックのレッツノートを例に、「強み」を深めていきましょう。

まず顧客ターゲットと戦場を再確認しておきましょう。

図22　レッツノートの顧客・戦場・競合

	顧客	戦場=使い方・TPO	求めるうれしさ	競合
1	**①屋外・ハードセグメント**（例えば外勤IT営業）	**屋外・ハードユース戦場** 頻繁に持ち運び、屋外でハードに使う	持ち運びしやすく、かつ、ハード（高負荷）な使い方をしても快適に使える性能を持つ	他の高性能モバイルノート
2	**②屋外・ノーマルセグメント**（例えば外勤営業パーソン）	**屋外・ノーマルユース戦場** 頻繁に持ち運び、屋外で通常の使い方をする	持ち運びのしやすさ	他の標準的なモバイルノート

レッツノートの顧客ターゲット・戦場は、主として以下の二つです。

（1）屋外・ハードセグメント＝屋外・ハードユース戦場

（2）屋外・ノーマルセグメント＝屋外・ノーマルユース戦場

ここまでの内容をまとめ、整理すると上の図22のようになります。

この二つの戦場での競合は数多くあります。他社からも高性能な「モバイルノート」はたくさん発売されており、レッツノートより高性能な機種もあります。

それにもかかわらず、レッツノートは高い人気を誇ります。それはなぜかというと、レッツノートには、他のパソコンにはない強み、すなわち「他のパソコンではなく、レッツノートを選ぶ理由」（＝ウリ）があるのです。

では、そのレッツノートの強みとは何でしょうか？

パナソニックの公式見解によると、レッツノートの強みは3つ。

（1）軽量、（2）頑丈、（3）長時間（バッテリー）

これを一つ一つ見ていきましょう。

まずは（1）「軽量」について。

レッツノートが狙う「頻繁に持ち運び、屋外で使う」という使い方・TPOにおいてまず何より重要なのが、軽さ。

私が現在使っている4年前くらいの機種で1kg強と軽量。2017年の現行機種（CF-SZ6）はさらに性能が上がり、かつ軽量化されているのでバッテリーつきでほぼ1kgです。特に長時間持ち運ぶときには100g単位の差がけっこうきいてきて、少しでも軽い方がありがたいです。

次に、(2)「頑丈」さ。レッツノートユーザーにレッツノートを選んだ理由を聞くと、一番よく出てくるのがこの「頑丈」という言葉です。

ビジネスパーソンがノートパソコンを持ち歩くときには、満員電車に乗ったり、他の書類と一緒にカバンにギュウギュウに詰め込んだりと、けっこう手荒く扱います。パナソニックによると、落下や圧迫などさまざまな試験をクリアしています。ビジネスパーソンの使い方に合っているわけですね。

そして、(3)「長時間」。要はバッテリーの持ちです。

現行機種の大型バッテリー装着時で、公称約22時間駆動。レッツノートを4台使ってきた私の経験上、「公称」の約2分の1が実働時間なので、実働11時間、ということになりますね。

この「(1)軽量、(2)頑丈、(3)長時間」という組み合わせは、レッツノートが狙っている「①屋外・ハードユース戦場」で一番重要な3つの要素です。一つ欠けても、持ち歩けないのです。

一つひとつの要素について、たとえば軽量について、レッツノートより軽い機種はあります。しかし、「軽量・頑丈・長時間」の3つすべてをハイレベルで実現させている機種はそうはありません。

この「3つの組み合わせ」がレッツノートを選ぶ理由であり、競合との「うれしさの差」です。一言でいえば、他のモバイルノートより「持ち歩きに適している」という「独自のうれしさ」を提供しているのです。

レッツノートの価格はかなり高額とはいえ、他機種との価格差はせいぜい10万円。そのパソコンを使う「人」には年間何百万円もかけているわけですから、10万円の追加投資で仕事がうまくいくなら会社にとっては超効率のいい投資だと、レッツノートを支給する会社は考えているのでしょう。

売れている商品には必ず「選ぶ理由」がある

レッツノートの人気の秘密は実は単純で、「軽量・頑丈・長時間」という3つの組み合わせとしての「強み」が、特定の顧客ターゲット（パソコンを頻繁に持ち歩くビジネスパ

図23　レッツノートの強み

	顧客	戦場＝使い方・TPO	求めるうれしさ	競合	強み	
1	**①屋外・ハードセグメント**（例えば外勤IT営業）	**屋外・ハードユース戦場** 頻繁に持ち運び、屋外でハードに使う	持ち運びしやすく、かつ、ハード（高負荷）な使い方をしても快適に使える性能を持つ	他の高性能モバイルノート	①軽量 ②頑丈 ③長時間	ここでは高性能は強みにならない
2	**②屋外・ノーマルセグメント**（例えば外勤営業パーソン）	**屋外・ノーマルユース戦場** 頻繁に持ち運び、屋外で通常の使い方をする	持ち運びのしやすさ	他の標準的なモバイルノート		高性能

ーソン）の特定の使い方（頻繁に持ち運び、屋外で使う）にピッタリ合っているわけです。

なお、レッツノートは高性能ではありますが、それが独自の「強み」かというと、難しいところです。「①屋外・ハードユース戦場」では、競合は「他の高性能モバイルノート」ですから、競合も同様に高性能です。

強みは「お客さまが競合ではなく自社を選ぶ理由」。競合も高性能であれば、高性能は強みになりません。

ただ、「②屋外・ノーマルセグメント」では、競合はあまり高性能ではありません。そこでは「高性能」が「強み」になりますが、その分、「高価格」が「弱み」になります。

レッツノートの戦略についてここまでを整理

すると、図23のようになります。けっこうシンプルになりますね。

お客さまが何かを買うときには、「選ぶ理由」があります。その「お客さまが選ぶ理由」が「強み」です。売れている、人気がある、という商品・サービスには「お客さまが選ぶ理由」すなわち「強み」が必ずあります。

もちろん、「強み」ばかりではなく、レッツノートがあきらめている部分もあります。それは「薄さ」ですね。頑丈にするために分厚くなり、デザイン性が犠牲になっています。ある20代女性のレッツノートユーザーは、「仕事で持ち歩くにはレッツノートがいいけど、家ではもっと薄い別のを使う。薄いから机の上でもジャマにならないから」とおっしゃっていました。

「すべて」を実現することはできません。レッツノートはビジネスパーソンの「仕事で持ち歩く」という使い方・TPO（＝戦場）に特化して、そこで選んでもらっているのです。特定の顧客ターゲットの、特定の使い方・TPOに向けた「細く鋭い矢」を放つことで、お客さまに選ばれるという、セオリー通りの戦略を実行しているのです。

アイスクリームの事例で考える「強み」

では次に、例によってハーゲンダッツの「強み」について考えていきましょう。

ハーゲンダッツも、高級アイスクリームとして、お客さまから圧倒的な支持を得ています。ハーゲンダッツの「強み」（＝ウリ）は何でしょうか？

まずは、やはり「おいしさ」。具体的には、ミルクの味をベースにした「濃厚なコクのあるおいしさ」がハーゲンダッツの「独自のおいしさ」ですね。

食品の場合は、アイスクリームに限らず「おいしい」ことは当たり前。今、小売店で売られているアイスはみんなおいしいですから、「うちのアイスはおいしい」だけでは強みになりません。「強み」は「競合とのうれしさの差」。競合と違う「どんな独自のおいしさ」か、というのが強みです。

アイスクリームメーカー各社は自身の考え方に基づいた「おいしさ」を実現しており、ハーゲンダッツだけがおいしい、といっているわけではありません。それぞれのアイスクリームにファンがついている中でハーゲンダッツの「独自のおいしさ」は何か、ということです。

そう申し上げたうえで、ハーゲンダッツの「独自のおいしさ」は「濃厚なコク」。ハーゲンダッツのウェブサイトにも、「密度とコク」というコーナーがありますから、「コク」がキーワードでしょうね。

この「濃厚なコクのあるおいしさ」が他のアイスクリームに対するハーゲンダッツの「強み」（＝ウリ＝うれしさの差）だということに、あまり異論は出ないでしょう。

これが特定の「顧客ターゲット」（20代前半の女性）の特定の「使い方」（仕事で頑張った自分へのご褒美）にピッタリ合っているわけです。

特定の「顧客ターゲット」の特定の「使い方・TPO」に刺さる、「細く鋭い矢」を放つことでお客さまの強い支持を得るというのは、先ほどのレッツノートの戦略とまったく同じ。ハーゲンダッツも、並み居る強豪相手に「細く鋭い矢」を放つことでゼロからここまで伸びてきたわけです。

「強み」は「誰にとって」「誰と比べて」

ハーゲンダッツは、**他のアイスに比べれば**「濃厚なコクのあるおいしさ」が強みになります。しかし、ハーゲンダッツの競合は他のアイスクリームとは限らない、ということも見てきました。たとえば、デパ地下で売られるクリームたっぷりのケーキも「濃厚なコクのあるおいしさ」を味わえます。

となると、ハーゲンダッツのデパ地下のケーキに対する「強み」はなんでしょう？

再び馬瀬社長へのインタビューから引用します。

「デザートとして捉えるとアイスクリームのコストパフォーマンスは素晴らしいです。ケーキは500円するのも珍しくありませんが、ハーゲンダッツのアイスは300円以下です」（日経MJ・2016年2月8日P3）

つまり、他のアイスと比べると「高い」としても、デパ地下の**ケーキと比べると「安い」**のです。そしてデパ地下のケーキと比べると、ハーゲンダッツは夜中でもコンビニで買えます。疲れているときに近くのコンビニで買えるのは「うれしい」です。ハーゲンダッツは「５００円のデパ地下のケーキより低価格で買いやすいデザート」となるのです。

そして、なんとハーゲンダッツは**ケーキと比べると「冷たい」**のです。ハーゲンダッツの強みをユーザーにヒアリングして出てきた答えの一つが「冷たいからリフレッシュできる」という声。「冷たいので飲んだあとのシメにいい」という女性からの声もありました。さらに、アイスクリームなので買って保存しておけます。

他のアイスクリームと比べると、「コンビニで買える」「冷たい」「保存できる」は強みになりません。みんな同じです。しかしデパ地下の**ケーキと比べると、**これらが強力な強みになるのです。

では ハーゲンダッツを「女子会の手土産」として使う「女子会の手土産」戦場において、ハーゲンダッツの強みは何でしょうか？

競合はここでも「デパ地下のケーキ」でしょう。その場合は「安さ」「買いやすさ」はむしろ「弱み」。「手近で安いのを買ってきたな」と思われたら、ちょっとイヤですよね？

ここでの強みの一つは「話題性」かもしれません。「ハーゲンダッツの新しい味が出たんだよ！」「え、そうなの？　食べてみたーい！」というような話題で盛り上がれる、と

図24　ハーゲンダッツの強み

	顧客	戦場=使い方・TPO	求めるうれしさ	競合	強み
1	20代前半の女性	「仕事で頑張った自分へのご褒美」 「ちょっと辛いときの元気づけ」	いやされたい、自分を認めてあげたい	他のアイス果物	◎濃厚なコクのあるおいしさ
				ケーキ	◎買いやすさ・安さ ◎保存性 ◎冷たくてリフレッシュ
2	20〜30代女性	「女子会の手土産」として持っていき自分の役割を果たす	みんなで食べて盛り上がり、みんなにほめてもらえる	デパ地下のスイーツ	◎味のバラエティ ◎話題性 ◎保存性
3	子育て中の妻を持つ男性	夜遅く奥様が待つ家で子育てお疲れ様と言って奥様に渡す「夫婦円満の魔法のギフト」	奥様の機嫌が少し直り、家庭内平和がもたらされる	他の高級アイス、スイーツ、バラの花	◎無難さ ◎買いやすさ ◎選びやすさ ◎話題性

いうことは強みになるかもしれません。

また、味のバラエティも重要でしょう。ハーゲンダッツは味の種類が多いので、いろいろな味を買っていけば、味の好みの違いに対応でき、その意味ではケーキより無難です。ハーゲンダッツがきらいという人は、それほど多くないですから。

「保存性」も強みかもしれません。誰かがケーキや果物を買ってきてデザートがかぶってしまったとしてもハーゲンダッツは冷凍庫で保存できます。

ここまでをまとめると、上の図24のようになります。

ここで確認していただきたいのは、

・顧客が変われば使い方・TPOが変わり、戦場・競合が変わる
・戦場・競合が変われば強みが変わる

という点です。**「強み」は、「誰にとって」（顧客）、「誰と比べて」（競合）**という視点が重要になります。

「他のアイスクリーム」に比べるとハーゲンダッツは高価ですが、濃厚なコクのあるおいしさが強みとなります。「デパ地下のケーキ」と比べると、「手軽に買えて安く、冷たくてリフレッシュできる」ことが強みになります。

また、顧客が「夫婦円満のギフト」として買うような男性だと、また「強み」が変わります。この場合は「テッパンの無難さ」も重要。このような使い方・TPOだと、相手の好みに対するリスクを負いにくいからです。渡す相手が嫌いなモノを買ってきても意味がありませんから。

顧客が変われば競合が変わり、競合が変われば強みが変わるのですから、「強み」を考えるときには、

・誰にとって（顧客）
・誰と比べて（競合）
という視点を抜きにして考えてはいけないのです。

競合によって強みが違い、場合によっては正反対になります。ハーゲンダッツの「強み」は、「通常のアイスクリームと比べれば高いけどおいしい」ですが、デパ地下のケーキと比べると「安い」ということになり、競合次第で正反対の結果にもなります。

よく、「強み弱み分析」をすべきなどといわれますが、顧客と競合を決めずに「強み」や「弱み」を考えることは、無意味どころか誤った結論を導くので、有害とすらいえます。これは大切なことなので後ほど詳述します。

「強み」が活きる顧客を選ぼう

顧客によって競合が変わり、競合が変われば強みが変わります。
逆にいえば、自社の「強み」が活きる「顧客ターゲット」を選ぶと勝ちやすくなります。

レッツノートの場合、強みは「軽量・頑丈・長時間」でした。

これは「①屋外・ハードセグメント」にとっては極めて重要です。

逆に「③室内・ハードセグメント」ではこの強みがまったく活きません。パソコンを持ち歩かない人に対して「軽量です！」といっても、まったく意味がありませんよね。

さらに、「①屋外・ハードセグメント」でも、移動手段によっては強みが活きません。車での移動なら、ずっと手で持ち運ぶわけではありませんから重くても大丈夫。「頑丈」といっても、車の座席の上に落ちないように置けば普通のノートパソコンでもそう簡単には壊れません。「長時間」も、車のシガーソケットなどから電源をとって充電できます。

ですから、レッツノートの強みがより活きるのは電車での移動。「①屋外・ハードセグメント」の中でも「電車で移動することの多いお客さま」が一番強みを活かせそうです。

このように、「自社の強みが活きる顧客は誰なのだろう」と、**強みと顧客を「行ったり来たり」して考えることで、より精緻な「顧客ターゲット」や「強み」が考えられる**ようになります。

私はこの「行ったり来たり」を思考の往復運動と呼んでいます。この「行ったり来たり」

が「戦略を練る」という極めて大事なプロセスなのです。

「細く鋭い矢」の積み重ねが大ヒットにつながる

「強み」をつくるときのポイントは「細く鋭い矢」を放つこと。いかに特定の顧客の、特定の使い方・TPOにグサッと刺さるような、「細く鋭い矢」（＝強み）をつくれるかが勝負です。ハーゲンダッツもレッツノートも、特定の顧客に刺さる「細く鋭い矢」を放っていることはここまでの説明でおわかりいただけるでしょう。

ここで、疑問が浮かぶかもしれません。

「マクドナルドのように、万人を顧客ターゲットにしているものもあるではないか」と。

では、本当にマクドナルドは「万人」をターゲットにしているのでしょうか？

マクドナルドの中核ターゲットは小学生以下くらいの「子ども」であり、「子ども連れのファミリー」です。

このセグメント向けには、マクドナルドが誇る最強の「細く鋭い矢」である「ハッピーセット」というおもちゃつきメニューがあります。アニメの人気キャラクターなどとのコラボは毎回大人気で、お休みの日にパパが子どもと昼食をとるときのド定番です。また、店舗によっては「プレイランド」という子どもが遊べる施設もあります。

このときの競合は、ファミリーレストランや回転寿司です。くら寿司のおもちゃがもらえるゲーム「ビッくらポン！」は、おそらくハッピーセットへの対抗策でしょうね。

そして、2008年発売の100円コーヒーの先駆け「プレミアムローストコーヒー」。2017年1月にリニューアルし、また人気になっています。午後や夜に外でちょっと仕事をするようなビジネスパーソン向けの「細く鋭い矢」でしょう。

このときの競合はドトールやスターバックスなどのカフェです。仕事をするビジネスパーソンなどのために、マクドナルドは他社に先駆けて電源やWｉFｉを用意しました。

そして2016年のテキサスバーガー（復活メニュー）や2017年の「グラン」シリーズなどのボリュームのあるメニューは、20代男性の昼食・夕食向けの「細く鋭い矢」でしょう。このときの競合は吉野家などの牛丼店かもしれません。

こうした「細く鋭い矢」を積み重ねた結果として、世代を問わず多くの人がマクドナルドに行くのです。たしかに「万人」がマクドナルドを使いますが、**マクドナルドの1本1本の矢は、各ターゲットを貫く「細く鋭い矢」になっている**のです。万人に対して、万人向けの商品を出しているわけではありません。

お客さまは「今日息子と昼食をどこに食べに行こうか」（この使い方・TPOに向けた矢がハッピーセット）、「営業外回り中に、30分だけコーヒーを飲みながら仕事したいが、どこに行こうか」（この使い方・TPOに向けた矢が100円コーヒー）という、個別の使い方・TPOごとに意思決定をします（お客さまにとっては当たり前のことです）。ですから個別個別の使い方に刺さる「細く鋭い矢」が必要になるのです。

1本1本の矢はそれぞれが別の競合と戦っています。つまり、**マクドナルド全体の競争力はあくまで「1本1本の細く鋭い矢の、個別の競争力の積み重ね」**なのです。

「万人」という意味では、携帯用ゲーム機のニンテンドーDSも「万人」に売れました。

図25　マクドナルドの「細く鋭い矢」

	顧客	戦場=使い方・TPO	求めるうれしさ	競合	強み
1	小学生以下の子どものいる家族	「休日の家族での昼食」	子どもと安心して楽しくご飯が食べられる	ファミレス・回転寿司	◎子どもが遊べて楽しい「ハッピーセット」「プレイランド」
2	ビジネスパーソン	平日午後や夜にマクドナルドでパソコンを使って少し仕事	コーヒーを飲みながらパソコンなどで仕事できる	ドトール・スターバックスなどのカフェ	◎100円という低価格のコーヒー ◎電源・WiFi
3	20～30代男性	外での昼食・夕食	ボリュームのある食事	吉野家などの牛丼	◎マクドナルドらしいおいしさのボリュームメニュー ◎飲み物もセット

世界中で1億5402万台売れたお化けゲーム機（2017年9月末時点）で、日本でも老若男女が手にしています。

たしかに、ゲーム機自体は誰にでも使いやすいように設計されています。

ですが、万人が同じ遊び方をしたわけではありません。**個別の顧客ターゲットに刺さる個別のゲームソフトがあったからこそ、万人に受け入れられた**のです。

子どもにはポケモン、年配層には脳トレ、ゲーム好き層には「ドラゴンクエスト」、若い女性には「おいでよ どうぶつの森」……。

ニンテンドーDSが万人に売れたのも、やはり1本1本の「細く鋭い矢」の積み重ね。そし

図26　「細く鋭い矢」の積み重ねとしての万人

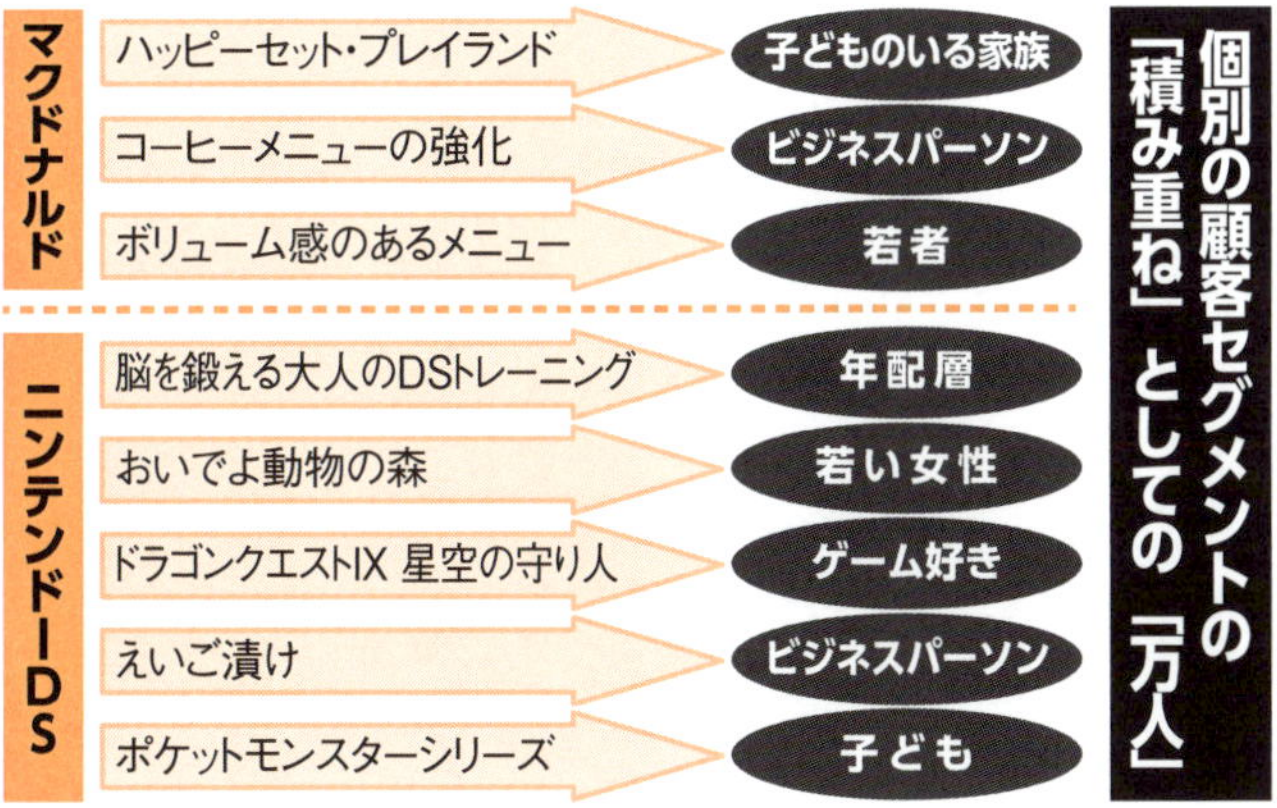

て競合と戦うのは、あくまで「1本1本の矢」。それぞれの顧客ターゲットが、「ニンテンドーDSを買おうか、それとも他のことにお金を使おうか」と考えるわけです。

「万人」とは、あくまで一人ひとりのお客さまの積み重ねなのです。

「強み・弱み分析」を安易にやってはいけない

強みとは「お客さまが競合ではなく自社を選ぶ理由」であり、「競合とのうれしさの差」です。

強み弱み分析などをするときに問題となるのが、「それは強みに分類すべきか、弱みに分類すべきか」という「解釈の問題」です。

たとえば、私は東京都千代田区にオフィスを持つ、資本金1千万円、現時点で設立12年目の経営コンサルティング会社の社長です……というと聞こえはいいですが、社長一人だけ、従業員ゼロで、株式会社の社長とはいえ、実質個人事業主です。

「一人でやっていること」は「強み」でしょうか？「弱み」でしょうか？

それは競合や顧客次第です。競合も一人でやっているコンサルティング会社であれば、「強みでも弱みでもない」となります。どちらも一人というのは同じだからです。

では競合が「大きなコンサルティング会社」の場合はどうでしょう？

これは顧客や使い方・TPO次第です。

たとえば、お客さまが私を「社長の右腕」として使いたいという「使い方・TPO」であれば、一人であることは「強み」になります。右腕なら、常に同じ一人の人間が担当した方がいいからです。毎回違うコンサルタントが来たらいちいち説明するのが面倒です。

顧客が超大企業で「全社のグローバル戦略すべてを任せたい」という「使い方・TPO」の場合、一人ではその要望にまったく対応できませんから「弱み」になります。

しかし、その超大企業が「ある部門の商品開発を改善したい」という「使い方・TPO」であれば、一人でもある程度は対応できます（実際にけっこうご依頼をいただきます）。

つまり、一人であるという**事実が「強み」か「弱み」かは、競合次第、顧客次第、使い方・TPO次第**で変わるのです。

これが、**「強み弱み分析」を安易にやってはいけない**理由の一つです。

ではどうすればいいのかというと、事実が「強み」となるような顧客や使い方・TPOに絞り、堂々と「これが強みです」といえばいいんです。

私の場合は、「社長、右腕が欲しいなら、多くのコンサルタントがいる会社より、一人でやっている私の方がいいのでは？　常に必ず絶対に私がうかがいますよ。私しかいませんから……」といえばいいわけです。それでダメならもうそれはしょうがありません。

「強み」「弱み」は他の要素との組み合わせで考えよう

今度はマクドナルドで考えてみましょう。マクドナルドの店内はかなり「騒がしい」です。店舗によっては大ボリュームで音楽やCMが流れます。

マクドナルドの「騒がしさ」は強みでしょうか？　弱みでしょうか？

これも顧客の「使い方・TPO」次第です。まず、テイクアウトする顧客にはそもそも無関係。そして「休日の昼食に子どもと出かける家族」にとっては、むしろ「強み」。子どもはどうしても騒ぎがちなので、静かな店舗で子どもが騒いだら恐縮してしまいます。

マクドナルドで平日の放課後、大勢で、大声でおしゃべりしている学生もいますね。彼ら・彼女らもマクドナルドが騒がしいから安心して大声でおしゃべりできるのです。

しかし、その学生が今度は集中して静かに勉強したい場合、マクドナルドの「騒がしさ」は「弱み」になります。このように、**「騒がしさ」は使い方・TPO次第で強みにも弱みにもなる**のです。


ハーゲンダッツでいえば、「濃厚なコクのあるおいしさ」という「強み」が「弱み」になる使い方・TPOもあります。たとえば、「真夏の炎天下に子どもと遊び回ったあと」という使い方・TPOでは、むしろ「甘ったるくて喉が渇く」と感じるかもしれません。

だから、前述の通りハーゲンダッツは冬に強いわけです。夏の売上強化というのはハーゲンダッツの課題の一つでしょう。

ですから、**「強み」や「弱み」はそれ単独ではなく、「顧客」「競合」「使い方・ＴＰＯ」など他の要素と合わせて考えるべき**なのです。だから本書では、１章で「顧客」を、２章で「競合」を考えたうえで、強みを「お客さまが競合ではなく自社を選ぶ理由」と定義しているのです。

「顧客」「競合」「使い方・ＴＰＯ」を決めない強み・弱み分析は、正反対の結果を導き出してしまいかねないため、有害ですらあるのです。

したがって、本書では顧客、戦場・競合を見てきたあとに「強み」を説明する、という順番になっているのです。

3章 02

強みの3つのパターン——3つの差別化軸

「強み」（＝ウリ）とは、「お客さまが競合ではなく自社を選ぶ理由」である、ということを見てきました。では、その「強み」にはどのようなものがあるのでしょうか？

突然ですが、質問です。あなたが最近行った美容院はどこでしょう？　その美容院を選んだ理由は何ですか？

世の中に美容院はたくさんある中で、あなたが他の美容院ではなくその美容院を選ばれた理由はなんですか？

では……なんと、あなたがその美容院を選んだ理由を当ててみせます！

ただ、残念ながらピンポイントでは当てられません。次の3つのどれか、ではないでしょうか？

（1）他の店より、早い、安い、あるいは自宅などに近い便利なところにあるから

（2）他の店より、腕がよく最新トレンドに詳しい「カリスマ美容師」がいるから
（3）他の店より、自分のことをよく知っており、「いつも通りで」で通じるから

いかがでしょう？　理由はおおよそ、この3つのどれかに分類されるのではないでしょうか？　ちなみに、飲み屋やレストランを選ぶ理由もほぼ同様です。

（1）他の店より、早い、安い、あるいは自宅などに近い便利なところにあるから
（2）他の店より、腕がよくて料理がおいしいから
（3）他の店より、自分のことをよく知っており、「いつものアレ」で通じるから

あなたが美容院や飲み屋を選ぶ理由というのは、売り手から見れば「お客さまが競合ではなく自社を選ぶ理由」であり、これはまさに「強み」の定義に他なりません。

そして、選ぶ理由が3つにしか分類できないのであれば、それは強みのパターンが3つしかない、ということになります。

差別化軸は、一つに絞る

ここまで見てきたように、店を選ぶ３つの理由を他の商品・サービスに当てはまるように定義すると、以下のようになります。

（1）手軽軸——他より早い、安い、便利
（2）商品軸——他より品質がいい、最新の技術を使っている
（3）密着軸——他より顧客一人ひとりのことをよく知り、個別の好みに合わせる

これを私は「３つの差別化軸」と名づけました。

もともとの発想は私のものではなく、マイケル・トレーシー＆フレッド・ウィアセーマ氏のアイデアです（『ナンバーワン企業の法則—勝者が選んだポジショニング』日本経済新聞社）。それを整理したのが「３つの差別化軸」です。

この「３つの差別化軸」は、買い手（お客さま）側から見ると、商品・サービスを選ぶ

理由となります。売り手から見ると自社が選ばれる理由、すなわち「強み」となります。買い手（お客さま）の選ぶ理由と、売り手の強みの「交点」となるのが、この3つの差別化軸なのです。

「では、売り手がこの3つをすべて実現できれば、ものすごく売れるのではないか」と思われたかもしれません。

その通りです。「他社より早く安く便利に」、しかも「他社より高品質で最新の技術を使い」、加えて「他社より顧客一人ひとりの好みに合わせる」ことができれば、市場をすべてとれます。顧客が選ぶすべての理由に応えられるからです。

でも、残念ながらそれは実現不可能です（もしできるのであれば、マーケティング戦略など不要。すさまじく売れてすべての競合を駆逐できます）。

実際は、3つの差別化軸から一つを選んで、そこを起点に強みをつくっていくことになります。「うちは○○軸で行く」と決めたら、そこがスタート地点。さらに具体的な強みを考えていくわけです。

3章 まとめ

- お客さまは、自社商品・サービス以外の選択肢（＝競合）の中で、一番「うれしい」もの、一番価値が高いものを選ぶ。
- 競合ではなく、自社を選んでもらう理由が「強み」。強みの定義は「お客さまが競合ではなく自社を選ぶ理由」。
- 顧客セグメントが変われば、強みが変わる。だからこそ「分けて対応する」というセグメンテーションが大切になる。また、戦場・競合が変わると強みも変わる。
- 強みは大別すると3つ。

（1）手軽軸——他より早い、安い、便利
（2）商品軸——他より品質がいい、最新の技術を使っている
（3）密着軸——他より顧客一人ひとりのことをよく知り、個別の好みに合わせる

4章
独自資源
強み（独自のうれしさ）を
競合がマネできない理由は何か？

4章 01

独自資源とは「競合が強みをマネできない理由」

ここまで見てきたように、顧客が競合ではなく自社を選ぶ理由（＝強み）をつくるというのがマーケティングの中核です。そして主語はあくまでお客さま、顧客でした。

しかし強みを競合にマネされたら、当然、その強みは強みではなくなります。強みというのは「独自のうれしさ」ですが、マネされたら「独自」でなくなるからです。

売り手としては「競合にどうマネされないようにするか」と考えることも重要です。

「自社の強みを競合がマネできない理由」が独自資源です。強みがあれば、お客さまは競合ではなく自社を選んでくれるので、自社と顧客が「相思相愛」の関係になります。

そこに競合がちょっかいをかけてきて、お客さまをとろうとしてきます。

競合の横やりから、相思相愛の関係を守るのが「独自資源」です。たとえば自社に独自の技術力やノウハウがあり、それが強みを可能にしているのであれば、競合はその強みを

図27　「強み」と「独自資源」の関係

マネできません。

この4章では、その「独自資源」について見ていきます。

「強み」と「独自資源」は、似ているようですがまったく異なる概念です。これをひとくくりにすると考えが錯綜・混乱してしまうので、きちんと分けて考えていきましょう！

マネしないのか？
マネできないのか？

さあ、まずは例によってハーゲンダッツからです。

ハーゲンダッツのアイスクリームとしての強

みは、「濃厚なコクのあるおいしさ」でした。わかりやすさを優先し、ここからはハーゲンダッツの競合を他のアイスクリームに絞って考えていきます。

なぜ他のアイスクリームメーカーは、ハーゲンダッツの「濃厚なコクのあるおいしさ」をマネしないのでしょうか？

ハーゲンダッツの国内年間売上は502億円でアイスクリーム業界4位です。

その味をそっくりマネすれば、売上を奪えそうですよね。それにもかかわらず他社がマネをしないのは、「マネできない理由」があるからでしょう。ここからは、可能な限り公開情報からわかる事実に基づいて調べ、その「仮説」を考えていきましょう。

アイスクリームの基本味であるバニラについて、ハーゲンダッツと他の有名どころのアイスを比べてみましょう。

繰り返しますが、味は「好み」の問題で、ここから例示するものはみなおいしいです。そうでなければ市場から消えています。ハーゲンダッツの独自性は「濃厚なコク」のあるおいしさ、他社はまた「違うおいしさ」ということで、それぞれの「おいしさの違い」を明らかにしていこう、ということです。

まず、ハーゲンダッツの原材料。その特徴は、「ミルクの濃さ」です。

ハーゲンダッツの原材料表示を見ると、「乳脂肪分15・0％」「無脂乳固形分10・0％」とあります。これは「ミルクの濃さ」です。いわゆる高級アイスに分類される「レディーボーデンバニラ」や「ベン&ジェリーズ」のバニラも高い数字（＝ミルクが濃い）ですが、ハーゲンダッツはそれよりもさらに(乳脂肪分、無脂乳固形分ともに1％ずつ)高いのです。

原材料そのものも違います。「ハーゲンダッツ　バニラ」の原材料表示は「クリーム、脱脂濃縮乳、砂糖、卵黄、バニラ香料、(原材料の一部に卵白を含む)」。生クリーム、砂糖、卵、バニラからできています。

多くの他社製品が乳化剤や安定剤を使う中、ハーゲンダッツは乳化剤も安定剤も使っていないのです！　つまり、ハーゲンダッツは他のアイスクリームよりミルクが濃く、しかも純粋に生クリーム・卵・砂糖などを主原料としているわけです。

独自の生産技術が競合に「マネ」されるのを防ぐ

それともう一つ。ハーゲンダッツのずっしりとした重さ。それがゆえに、ハーゲンダッツは「固い」ですよね。その理由はハーゲンダッツのウェブサイトにありました。

ハーゲンダッツではオーバーランを20～30％と低く抑え、小さくてもずっしりと重く、濃厚でクリーミーな味わいをつくり出しています。

「オーバーラン」とはアイスクリーム中の空気の混入量。日本アイスクリーム協会によれば、一般的なアイスクリームのオーバーランは60～１００％で、オーバーランが低い（＝密度が高い）とねっとりした重みのある味になり、高いとふわっと軽い味になるそうです。

ハーゲンダッツの20～30％というオーバーランは、一般的なアイスクリームに比してものすごく低いのです。それも「濃厚なコク」の要因でしょう。この「低いオーバーラン」（＝高い密度）を可能にする生産技術が独自なものだとすれば、それもハーゲンダッツをマネできない理由になります。

ちなみに、ハーゲンダッツバニラ、レディーボーデンバニラ、明治エッセルスーパーカップ、MOWバニラの4つの人気バニラアイスの密度（重量／容量）を実測しました。ハーゲンダッツが一番重く、それに次いで明治エッセルスーパーカップとMOWバニラがほぼ同等、レディーボーデンバニラが一番軽いという結果でした。

ハーゲンダッツは「ずっしりとした重さ」によるおいしさを目指し、レディーボーデンはふわっとした軽いおいしさを目指し、他の二つはその中間、ということですね。

目指しているおいしさの方向性が違うわけで、軽いおいしさが欲しいときにはレディーボーデンが選ばれます。レディーボーデンはスプーンの通りがよく、食べやすいです。フルーツを混ぜて食べるような「使い方・TPO」では、ハーゲンダッツよりレディーボーデンの方が向いていそうですね。

図28　4つの人気バニラアイスの密度（重量／容量）

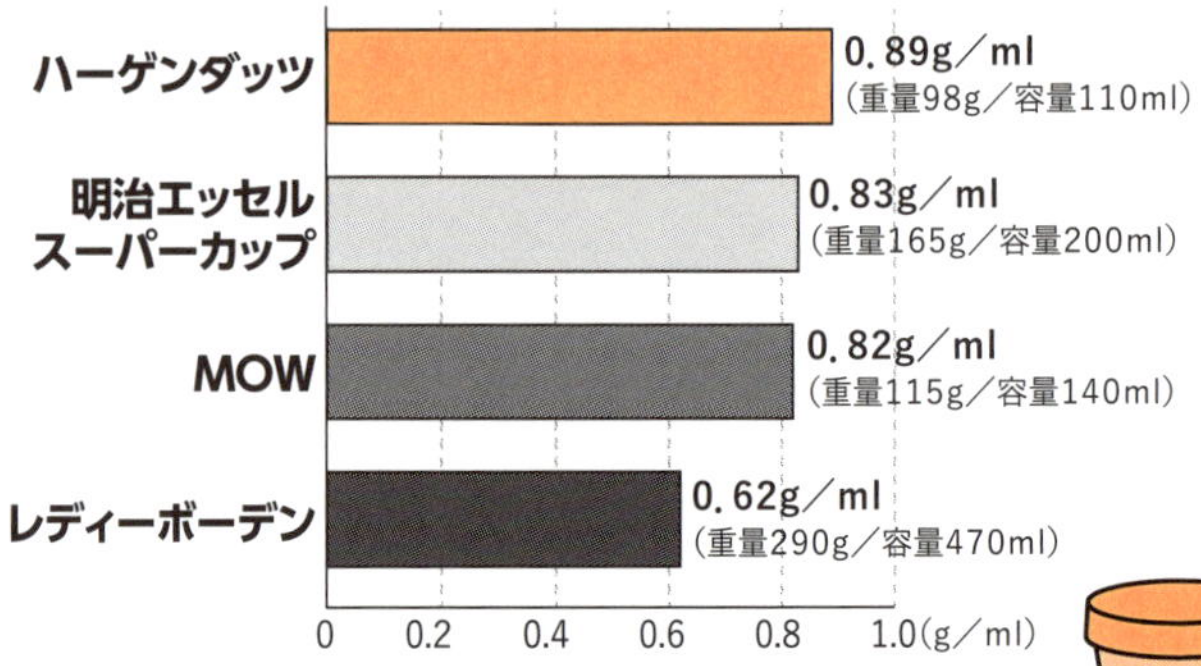

※家庭用ハカリによる実測。カップの重量はのぞいて計算しています

「強みを競合がマネできない理由」が独自資源

まとめますと、他のアイスメーカーがハーゲンダッツの「濃厚なコクのあるおいしさ」という強みをマネしない、できない理由は次のようなところにありそうです。

- 原材料（ミルクの濃さとピュアさ）と、その原材料を取り扱う能力・技術
- 低いオーバーラン（密度の高さ）と、それを可能にする能力・技術

独自資源とは、このように「強みを競合がマネできない理由」です。この独自資源があるか

ら、競合がハーゲンダッツの強みをマネできないわけです。

この場合、「強み」と「独自資源」は、次のような関係になります。

お客さまがハーゲンダッツを買う理由は、その「濃厚なコクのあるおいしさ」という、「独自のうれしさ」（＝ハーゲンダッツの強み）です。そして、**「独自資源」はその「独自のうれしさ」を「独自につくり出す能力」であり、競合がマネできない理由**となります。

ハーゲンダッツは国内ではタカナシ乳業という会社が生産しています。タカナシ乳業のウェブサイトには、「１９８４年　米企業との合弁により『ハーゲンダッツアイスクリーム』を製造開始」という記述があります。

タカナシ乳業は業界では知られた存在で、生クリームなどに圧倒的な強みを持っています。ハーゲンダッツとタカナシ乳業のノウハウなどが組み合わさって、「ミルクの濃さ」「低いオーバーラン」を可能にする独自の技術・製法などが生まれたのでしょう。

図29　「強み」と「独自資源」の関係：ハーゲンダッツ

お客さまに技術やノウハウをアピールしても刺さらない

一方、お客さまにとって大事なのは、独自資源ではなくあくまで強みです。

ハーゲンダッツを買うあなた（お客さま）にとって大事なのは、「濃厚なコクのあるおいしさ」（強み）です。低いオーバーランおよびそれを可能にする能力・技術（独自資源）などはどうでもいいことですよね。

これは当たり前のことですが、強調しておきたいポイントです。というのは、多くの会社が技術を前面に押し出して営業・販売をしているからです。

「うちは技術力が高いから、うちの製品を買ってくださいよ」という営業はよく見ます。

しかし、これはアイスクリームを求めるお客さまに「うちの技術力は高く、オーバーランが低いからハーゲンダッツを買ってください！」というのと同じで、まったく欲しくなりません。

お客さまにとっては、「オーバーランの低さを可能にする能力・技術」という独自資源が大事なのではなく、「濃厚なコクのあるおいしさ」という強み（＝独自のうれしさ）が大事なのです。

しかし、対競合という意味では、独自資源はすごく重要です。**「強みが競合にマネされるかどうか」は、その独自資源の強さ・独自性にかかっている**からです。

ハーゲンダッツの味が誰にでもマネできる簡単なものであれば、とっくにマネされているはず。マネできない強力な独自資源（たとえばオーバーランの低さを可能にする能力・技術）があれば、その「強み」（たとえばコクのあるおいしさ）もマネできません。

ハーゲンダッツに対して多くの競合商品が出て、いずれもハーゲンダッツの牙城を崩せませんでした。それはやはり「独自資源」をマネするのが難しかったからでしょう。

4章 02

独自資源の二つの要素——ハード資源とソフト資源

独自資源とは「強みを競合がマネできない理由」だということは、ここまでの事例でご理解いただけたでしょう。ここからはもう少し詳しく、独自資源について見ていきます。

独自資源は「ハード資源」と「ソフト資源」の二つに大別できます。

まずはハード資源から。

ハード資源の典型は、競合にはない「設備」「技術」「特許」「立地」などのまさにハード、見えるものです。

またまたアイスクリームの例で考えていきます。

雪見だいふく（ロッテアイス）は、冬アイスの先駆けである画期的な商品です。これも人気商品の一つですが、なぜ他社はマネしないのでしょう？

それは「特許」で守られているからです。

図30　ハード資源とソフト資源

ハード資源
目に見え、お金で買える

設備・技術・特許・立地など

ソフト資源
目に見えず、お金で買えない

スキル・能力・人材・組織
顧客との関係・理念・歴史など

「冷凍下でもふっくらもちもちとした食感をロッテ独自の製法で実現しました」「特許を取得している唯一無二のレシピでつくられ、その丸みを帯びた形状と食感で小さな幸せを届けます」（ロッテウェブサイト）

独自の製法と特許というハード資源が雪見だいふくを「競合のマネ」から守っているわけで、まさにこれが「競合が強みをマネできない理由」（＝独自資源）です。

雪見だいふくの特許の話はけっこう有名で、「雪見だいふく　特許」で検索するといろいろな情報が見つかりますので、詳細を知りたい方は検索してみてください。

図31　ソフト資源のSHOP（理念・文化・歴史）

Skill	スキル・能力	知識・経験・ノウハウなど
Human resources	人材・組織	人材、組織、評価体系、採用・教育など
Outside relations	外部との関係	お客さまからの信頼、取引先との関係など
Philosophy	理念・文化・歴史	企業理念、哲学、企業文化、歴史など

ソフト資源を構成する「SHOP」とは

目に見えるハード資源に対して、目に見えないのが「ソフト資源」です。ソフト資源は上の図31の4つに分類できます。それぞれ、ほぼ言葉通りの意味です。頭文字をとるとSHOPで「お店」になりますが、ソフト資源はお店で買えません。だからこそマネできないのです。

ではソフト資源のSHOPをひとつ一つ見ていきます。

（1）Skill（スキル・能力）——知識・経験・ノウハウなど

Skill（スキル・能力）とは、自社の独自の能力。ハーゲンダッツの「低いオーバーラン」などを可能にするのは、生産技術というハード資源に加え、その背後にある企業秘密としての「知識・経験・ノウハウ」でしょう。

（2）Human resources（人材・組織）――人材、組織、評価体系、採用・教育など

独自の製法や特許などの「ハード資源」をつくるのは、最終的には人、すなわち人材・組織。独自の製法を考え、その技術や設備（ハード資源）をつくったり使ったりして、「知識・経験・ノウハウ」というソフト資源が生まれます。さらに、そのソフト資源を使って、新たな技術や設備などのハード資源がつくられます。

こうした相互作用でハード資源とソフト資源が生み出されていくと、それは他社から見ると非常にわかりづらい、マネしにくいものになります。

（3）Outside relations（外部との関係）――お客さまからの信頼、取引先との関係など

「○○社なら間違いない」とみんなが思っているような、ブランドイメージといわれるお客さまからの信頼が高い会社があります。この信頼も大切なソフト資源です。

ブランドイメージで大事なのは、「どんな」ブランドイメージかということです。「高くておいしい」「すごく安い」のどちらもブランドイメージです。変な話、「あの製品はひどい」というのもブランドイメージであり、「マイナスの信頼」です。

また、取引先との関係も重要なソフト資源です。たとえばハーゲンダッツは、生産委託をしているタカナシ乳業とは強固な関係にあるはずです。互いに裏切らない信頼・契約がハーゲンダッツの独自のおいしさ（＝強み）を支えているのでしょう。

（4）Philosophy（理念・文化・歴史）——企業理念、企業文化、歴史など

企業文化は、会社としての「こだわり」といったところでしょう。ハーゲンダッツのウエブサイトには、「完璧を目指す」という哲学が掲げられています。

そうした理念、哲学がここまで見てきたような「濃厚なコクのあるおいしさ」、そしてそれを可能にする技術・製法などをつくってきたのでしょう。

「歴史」も重要なソフト資源です。ハーゲンダッツが１９８４年からずっと同じことを続けてきているからこそ、信頼につながるわけです。

4章 03

「独自資源」のない強みは維持できない

「強み」と「独自資源」は似て非なるものであり、分けて考えることが大切だということをここまでずっと見てきました。

たとえば、「他社より低価格」というのは強み（＝競合ではなく自社を選ぶ理由）の一つです。

しかし、そもそも「他社より安くできる理由」（独自資源）がなければ、「安くすること」は利益を削るだけなので経営が危うくなります。

その典型例が、２０１７年に起きた旅行会社「てるみくらぶ」の経営破綻です。旅行中の顧客が多くいるにもかかわらず、突然破綻し大きなニュースとなりました。負債額１５１億円と旅行会社としてはかなり大型の倒産です。

「てるみくらぶ」は安売りの旅行会社として知られていましたが、ある時期までは、「安く売れる理由」がありました。

余った席を安く、たくさん仕入れ、インターネットでコストをかけずに販売する手法で急成長したのです。当時としては先進的なやり方で、航空会社から見ても当時はありがたい存在だったのでしょう。

「航空会社との関係があり、安く仕入れられる」という「ソフト資源」（取引先との関係）が、「安く売れる理由」（独自資源）になっていたわけです。

しかし、その独自資源が時間がたつにつれて失われていきます。

ところが航空各社は2000年代に入り徐々に空席リスクを抑えようと機体を小型化する戦略に転じた。さらに訪日客の急増により外国人で座席が埋まるようになった。これまでのように安い座席を優先的に仕入れることが難しくなり、コストがつり上がった。

（日本経済新聞2017年3月28日朝刊）

独自資源がなくなってしまえば、安く売ることはできません。「安く売れる理由」（＝独自資源）がないのに安売りをしたため利益を削ることになり、破綻しました。

図32　てるみくらぶの破綻

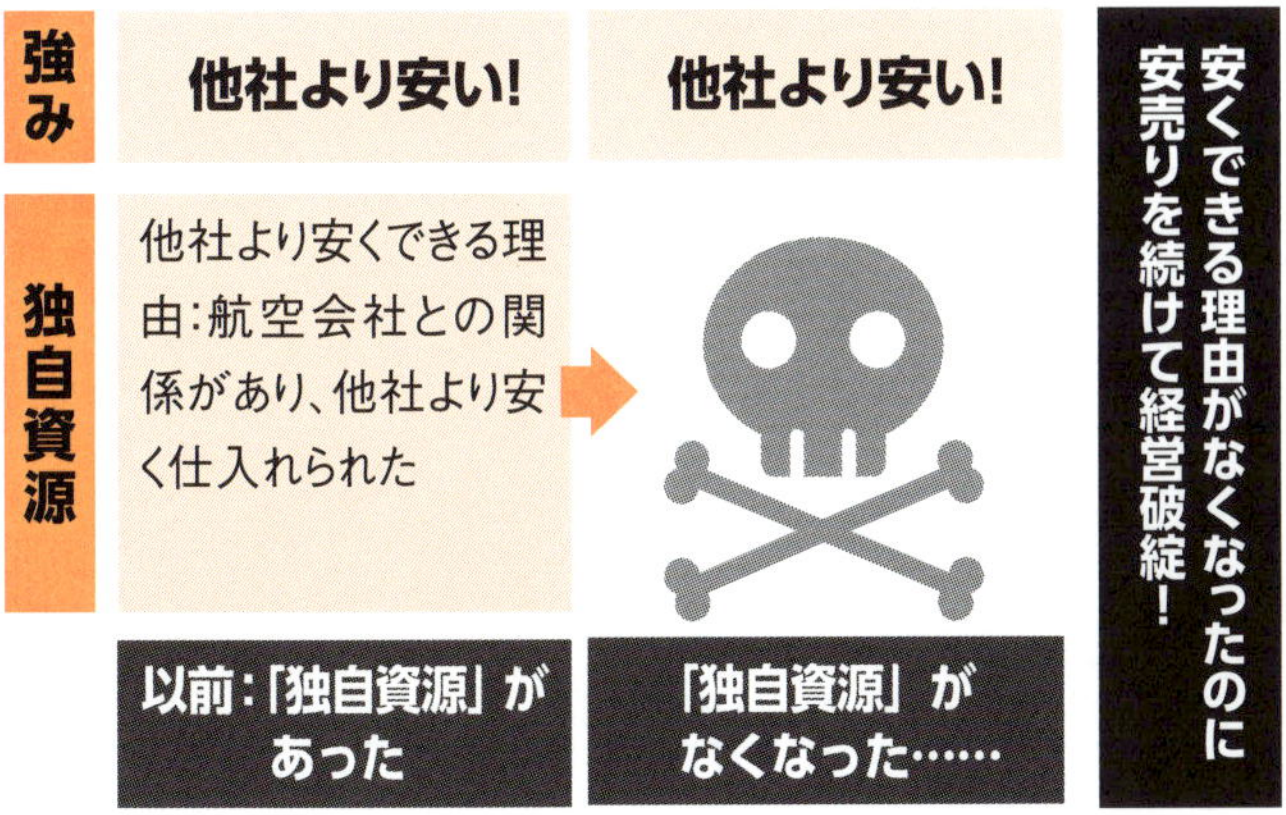

独自資源がないところで「強み」をつくっても維持できません。普通に考えれば当たり前ですが、「無理な安売りで経営破綻」ということは、実はけっこう起きています。

独自資源のない競争は“不毛な競争”となる

独自資源の重要性について、ノートパソコンの事例でも考えてみましょう。

20年前の1997年、ソニーが薄さ23・9㎜、重さ約1・35kgという当時としては衝撃的な薄さ・軽さのノートパソコン「VAIO　PCG−505」を発表しました。

「さすがソニー！」と思いきや、8カ月後には東芝が「DynaBook SS PORTEGE 3000」を発売。ＣＰＵの性能はもちろん、薄さ・軽さともに大幅に抜かれました。

ソニーの「薄く軽くする技術」は、残念ながらそれほど独自なものではなかったために、「薄くて軽い」という「強み」を維持できなかったのです。独自資源のない強みは競合にマネされるため維持できません（それでも、この市場を切り拓いたソニーの功績は素晴らしく輝かしいものだと思います）。

このあとノートパソコンは薄さ・軽さ競争に入り、どのメーカーも同じようなものを出すようになりました。これは、「薄く軽くする技術」がどのメーカーにも独自なものではなく、ある意味で「誰でもできた」からです。独自資源がない競争は決め手を欠くため、このような不毛な競争に陥りやすいのです。

設計思想などの「こだわり」が「信頼感」を生む

では、レッツノートの「独自資源」はなんでしょう？

レッツノートの強みは、「軽量・頑丈・長時間」の組み合わせでした。

軽量、頑丈、長時間というのは相反する性質です。ボディを頑丈にすればその分重くなります。バッテリーも同様に長時間にするほど重くなります。「軽量」だけ、または「頑丈」だけを目指すことはできても、３つすべてとなると難易度が跳ね上がります。


ですから、この「軽量・頑丈・長時間」の組み合わせを可能にする「何か」が、レッツノートを生産・販売するパナソニックの独自資源です。

まず、パナソニックの「ハード資源」を見ていきましょう。ハード資源の典型的なものは、設備・技術・特許などです。

レッツノートのハード資源の一つに、生産の全工程を技術力の高い神戸工場でつくっているということがあります。また、ハードディスクを保護する方法などで特許を取得しています。「頑丈」を支えるハードディスクの保護構造は、特許で守られマネできないわけです。


次に、パナソニックの「ソフト資源：の４つの要素である「ＳＨＯＰ」を一つひとつ見ていきましょう。

まずは「(1) S kill（スキル)」。「軽量・頑丈・長時間」を実現する製品設計のノウハウはもちろん持っています。たとえば、レッツノートの天板は折れ曲がった「ボンネット構造」。これにより耐荷重強度を上げ、満員電車の圧力にも耐えられるわけです。このような軽量と頑丈を両立させる「ノウハウ」が随所に見られます。

そして「(2) H uman resources（人材・組織)」として、それを実現する優秀な「人材」がいて、その中核に「(4) P hilosophy（理念・文化・歴史)」の設計思想があります。設計思想を簡単にいうと「こだわり」です。

「軽量・頑丈・長時間」＋「高性能」というレッツノートの設計思想を十数年間実行・訴求し続けた歴史によって、お客さまのアタマには、「軽量、頑丈、長時間といえばレッツノート」という認識がすり込まれています。

これがレッツノートの「(3) O utside relations（外部との関係)」です。「お客さまからの信頼」というソフト資源です。

まとめると左の図33のようになります。全体を、「軽量・頑丈・長時間」というキーワ

図33　レッツノートの「独自資源」

ハード資源
設備：神戸工場
技術：軽量・頑丈・長時間を実現する技術
特許：軽量・頑丈・長時間を守る数々の特許

ソフト資源		
Skill	スキル・能力	軽量・頑丈・長時間を実現する知識・経験・ノウハウ
Human resources	人材・組織	軽量・頑丈・長時間を実現する人材・組織・採用・教育など
Outside relations	外部との関係	「レッツノートは軽量・頑丈・長時間だ」というお客さまからの信頼
Philosophy	理念・文化・歴史	軽量・頑丈・長時間という設計思想とそれにこだわり続けてきた歴史

全体を貫く「軽量・頑丈・長時間」

ードが貫いています。

「こだわり」を貫いて得られる「強みへの信頼」がブランド力となる

今回多くのレッツノートユーザーにヒアリングしたところ、口をそろえておっしゃるのが「レッツノートが一番頑丈な気がする」という言葉でした。

カタログ上の性能について見る限り、他社も「軽量・頑丈・長時間」においてレッツノートに肉薄した製品を出してきています。

しかし、レッツノートが積み重ねてきた「軽量・頑丈・長時間」に対する「こだわり」（＝

設計思想)、そしてその「こだわり」に対するお客さまの「信頼感」がレッツノートの真の「独自資源」なのではないか、と思います。

このような「お客さまの認識」ができると、実際の「性能」は仮に一緒だったとしても、「信頼できるのはやっぱりレッツノート」となるわけですね。

それがまさに「ブランド力」と呼ばれるものです。**「ブランド力」を私なりに定義すれば「強みへの信頼」**です。ソフト資源の「(3) Outside relations(外部との関係) お客さまからの信頼」です。

売り手から見れば、**「ブランドをつくる」とはお客さまに「強みを約束」して守り続けること**。「ブランド力」はPRの結果生まれるものではありません。いくらCMを重ねても、実態がついてこなければ誇大広告となりむしろ反感を買います。

数名のユーザーがおっしゃっていたのが、「レッツノートは10年間、同じことをずっとやってきてるじゃないですか。だから安心できますよね」ということ(実際には10年以上ですが)。

ハーゲンダッツにしてもレッツノートにしても、**ある一つのことに徹底してこだわり続**

け、実践してきたからこそ「お客さまからの信頼」という「ブランド力」を勝ち取ることができたわけです。

一つのことを徹底して実行し続けるのは、実は大変難しいことです。

レッツノートであれば、「モバイルノートで勝てたんだから、次はスタンダードノートの方に行こう」とか「低価格なものも出そう」と言い出す方が出てきます。その誘惑をガマンするわけです。

ハーゲンダッツは「濃厚なコクで勝てたんだから、次はさっぱりしたシャーベットをやろう」とか、「100円のハーゲンダッツなら売れるんじゃないか」いう誘惑を振り切って、同じ戦略をとり続けています。

実は、このような「一つの戦略をとり続けられる」ということ自体が「独自資源」になります。「あっちもこっちも」という誘惑を振り切るのは極めて難しいのです。

「ブランド力」は、「強みへの信頼」。「ブレない戦略を貫いてきたこと」が、最大の「独自資源」ともいえます。まさに「継続は力なり」で、ブランドは一朝一夕にはできないのです。

4章 まとめ

- 強みは、「お客さまが競合ではなく自社を選ぶ理由」。独自資源は、その強みを競合がマネできない理由。似て非なるものなので分けて考える。
- お客さまにとって大事なことは「強み」（たとえば「おいしさ」）であって、独自資源（たとえば「技術」）ではない。しかし独自資源のない強みは競合にマネされ、不毛な競争になる。強みを競合にマネされないようにするためには、独自資源が重要。
- 独自資源は、「ハード資源」（設備・技術・特許・立地など）と、「ソフト資源」（スキル、人材・組織、外部との関係、理念・文化・歴史）に分けられる。
- 一つの「こだわり」を貫き続けること自体も独自資源である。

5章
メッセージ
強み（独自のうれしさ）を顧客にどう伝えると刺さるか？

5章
01

お客さまにとってのメリットを〝見える化〟する

ここまで、「顧客」(1章)が「競合」(2章)ではなく、自社を選ぶ理由、つまり「強み」(3章)をつくる、というのがマーケティングの中核だということ、そして、その「強み」を競合がマネできないように守るのが独自資源(4章)だということを見てきました。

しかし、ここまではすべて「概念」の話。ですからここで終わると、マーケティングが「机上の空論」になってしまいます。

概念を、具体的な現実としてお客さまに「見える」ようにするのが「メッセージ」です。

あなたが何かを買うとき、自分に伝わっていないことは考慮しません。というか、考慮できないですよね。お客さまにとって、「自分に伝わっていないこと」は「存在しない」のと同じなのです。

本章のメッセージは、ここまでの概念を統括し、「現実」に落とし込むものです。

「うれしさ」が伝わらなければどんなにいい商品も売れない

またまたアイスクリームについて考えてみましょう。

あなたが、まだ食べたことのないアイスクリームを買うかどうかを決めるとき、何が大事になるでしょうか？

まだ食べたことがないので、「おいしい」かどうかはわかりません。

では、どうやって「食べたことのないアイスクリーム」を買うか判断するかというと、「おいしそうかどうか」で判断するはずです。「おいしいかどうか」ではありません。おいし「そう」かどうか、です。

「おいしい」と「おいしそう」は全然違います。おいしいかどうかは実際の商品の話で、おいしそうかどうかは「メッセージの伝え方」です。

食べた後は、もちろん「おいしいかどうか」が重要です。食べれば実際に味がわかりますす。おいしいと感じなければもう買わないでしょうから、「おいしいこと」が大事なのはいうまでもありません。

つまり**最初の購買のときに大事なのが「おいしそう」なことで、リピート購買のときに大事なのが「おいしい」ことです。「おいしい」だけでは、初回購買は起きない**のです。

これは食品はもちろん、すべての商品・サービスについても同じです。

使ったことのないノートパソコンを選ぶときに重要なのは「使いやすそうか」。そして使った後には、「実際に使いやすいかどうか」が重要になります。

ですから、どんなにおいしいものやいいものをつくっても、それがお客さまに伝わっていなければ、まったく売れません。

よく「いいものをつくってるのに売れない」と嘆く人がいますが、その原因の一つがメッセージを伝える努力・工夫の不足。よさが伝わっていないのです（ちなみにもう一つの原因は、いいと思っているのは自分だけで、お客さまはそう思っていない、というものです）。

いかにお客さまに「うれしさ」を魅力的に伝えるか、というメッセージまで考えて、初めてマーケティング戦略が完結するのです。「おうちに帰るまでが遠足」なら、「お客さまに伝わって売れるまでが商品開発」というところでしょうか。

ではハーゲンダッツは「おいしそう」をどう伝えているのでしょうか？

一つは官能的なテレビＣＭ。ウェブサイトでも女優さんが官能的なおいしさを醸し出しています。キャッチコピーは「1日の終わりに　ときめきを、ひとすくい」。1日の終わりの自分へのご褒美に、ということですね。

もう一つがパッケージのイラストです。文章だけがメッセージではなく、パッケージの絵などもメッセージの伝え方の一つです。

ハーゲンダッツのパッケージは、すごく「おいしそう」に見えるよう工夫されています。買う前に重要なのは、「おいしそう」であることが重要だ、ということです。

5章 02

メッセージに込められた「強み」がお客さまを動かす

メッセージで伝えるべきことは、基本的には「強み」です。

強みは競合とのうれしさの差であり、「お客さまが競合ではなく自社を選ぶ理由」でした。ですから強みが伝わればその商品・サービスが選ばれることになります。強みを伝えて売れないのであれば、メッセージあるいは強みそのものがおかしい、ということです。

メッセージについて、次はまたまたレッツノートで考えてみましょう。

レッツノートの強みである「軽量・頑丈・長時間」は、総合カタログ（2017年夏）において3つのコピーとして大きく取り上げられています。

〝軽量〟こそがビジネスの力になる。

〝頑丈〟という実力で、差がつくビジネスライフ。

〝長時間〟いう優位性が、仕事の質も変える。

図34　戦略を現実化し、顧客に伝えるメッセージ

戦略＝概念
戦場・競合
独自資源
強み
戦略を現実化
メッセージ
濃厚なコクのあるおいしさ
軽量・頑丈・長時間
うれしい！
顧客
お客さまに伝わらないものは「存在しない」と同じこと。
お客さまに伝わって初めて戦略に効果が出る！

まさに「軽量・頑丈・長時間」を「メッセージ」として伝えています。顧客ターゲットがビジネスパーソンですから、使い方・TPOはビジネスに絞っています。

そして、たとえば軽量については「世界最軽量」、長時間については「約22時間の駆動時間」などの詳細な説明がその後に続きます。

官能的に伝えるハーゲンダッツとは対照的に、レッツノートは強みを「機能的」に伝えています。

それは商品特性上の違いであり、お客さまが求める「うれしさ」の違いです。ハーゲンダッツは「官能的なうれしさ」をお客さまが求めるので「官能的」に伝え、レッツノートは「機能

的なうれしさ」をお客さまが求めるので「機能的」に伝えているわけです。

名キャッチコピーに込められた本当のすごみ

ＪＲ東海が１９９３年から使っている京都への観光促進キャンペーンのキャッチコピーが、「そうだ 京都、行こう。」平成の名キャッチコピーの一つでしょう。

このキャッチコピーから連想されるのは、秋の紅葉など、京都の美しい風景です。京都旅行に行きたくなりますね。

しかし、なぜ「京都」なのでしょうか？ ＪＲ東海の新幹線を使ってほしいなら大阪でも神戸でもいいはずですよね。京都は美しい都市ですが、大阪にも神戸にもそれぞれ素晴らしい魅力があります。

ここからは私の推測です。なぜ京都かというと、東京〜京都間の移動なら、確実にＪＲ東海の新幹線が選ばれるからです。新幹線の「強み」が活きるのが京都への移動。

ＪＲ東海は、もちろん自社の新幹線を使ってほしい。東京圏から見た場合、大阪や神戸だと飛行機と競合します。大阪の近くには伊丹空港が、神戸には神戸空港があります。どちらも都市部へのアクセスがいい便利な空港です。

しかし、京都には２０１７年現在、空港がありません。**東京圏から京都に行くとなると新幹線しか選択肢がなく、自社が自動的に選ばれる**のです！　京都旅行には「ＪＲ東海の新幹線」が圧倒的に便利であるという強みがあるため、「京都に行く」と決まった時点で、競合を排除できるのです。

だから、大阪でも神戸でもなく、「そうだ 京都、行こう。」なんです。京都はＪＲ東海の新幹線の強みが最高に活きる観光地なんです。

「そうだ 京都、行こう。」というメッセージの本当のすごみは、その美しいイメージの背後にある、自社の強みを活かす戦略性。しかもその戦略性はお客さまにとってはまったく自然に見えています。

メッセージは強みを伝えるものですが、伝え方次第で、お客さまにそうと意識させずに伝えることもできるのです。まさにこのあたりが「コピーライターの腕の見せ所」ですね。

5章 03

メッセージを実行する4つの手段――4P

4Pはうれしさを売上に変える

序章から4章までの概念を具体的な現実としてお客さまに見えるようにするのが「メッセージ」でした。その「メッセージ」は、具体的には次の4つからできています。

- 売り物（Product：商品・サービス）――具体的な製品やサービス
- 売り方（Promotion：広告・販促）――CM、サンプリング、販促施策など
- 売り場（Place：流通・チャネル）――陳列する売り場、通販チャネルなど
- 売り値（Price：価格・支払方法）――値付け、クレジットカードが使えるかなど

図35　戦略を現実化し、4Pを統括するメッセージ

それぞれ言葉通りの意味です。英語にするとすべて「Ｐ」ではじまるので「４Ｐ」です（複数なので「４Ｐｓ」ともいわれますが、本書では４Ｐで統一します）。

この４Ｐは、マーケティングの勉強をすると必ず出てきます。実際に使いやすい考え方ですので、覚えておきましょう。

ただ英語だと覚えにくいので、私は「売り物、売り方、売り場、売り値」という言い方に直して使っています。日本語としてもほぼその通りの意味です。

キーワードはやはり「うれしさ」。「売り物」は商品・サービスとして、お客さまの手元でうれしさを実現します。「売り方」は広告・販促

のことで、うれしさを伝えます。「売り場」は販路・流通のことで、うれしさを届けます。「売り値」は価格のことで、うれしさの対価として売り手の売上になります。4Pを通して、はじめてうれしさが「売上」に変わるのです。

4Pが戦略という概念を現実化する

この4Pは、「戦略」という「概念」を実際に目に見えるようにしたものです。お客さまはうれしさを買っているのだから、うれしさを中核にマーケティング戦略を考えよう、というのが本書の中核コンセプト。**4Pは、実世界でうれしさを「現実化」させるもの**です。たとえば、「顧客ターゲット」というのは概念にすぎません。売り手がそのように想定しているだけです。実際に現実となって見えるのは、「売り物」（商品・サービス）や、「売り方」（テレビCMなど）の4Pですね。

例によってノートパソコンで考えてみましょう。レッツノートの顧客ターゲットは、「外でパソコンを使うビジネスパーソン」でしたが、これは概念です。

図36 うれしさを実現する4P：ハーゲンダッツ

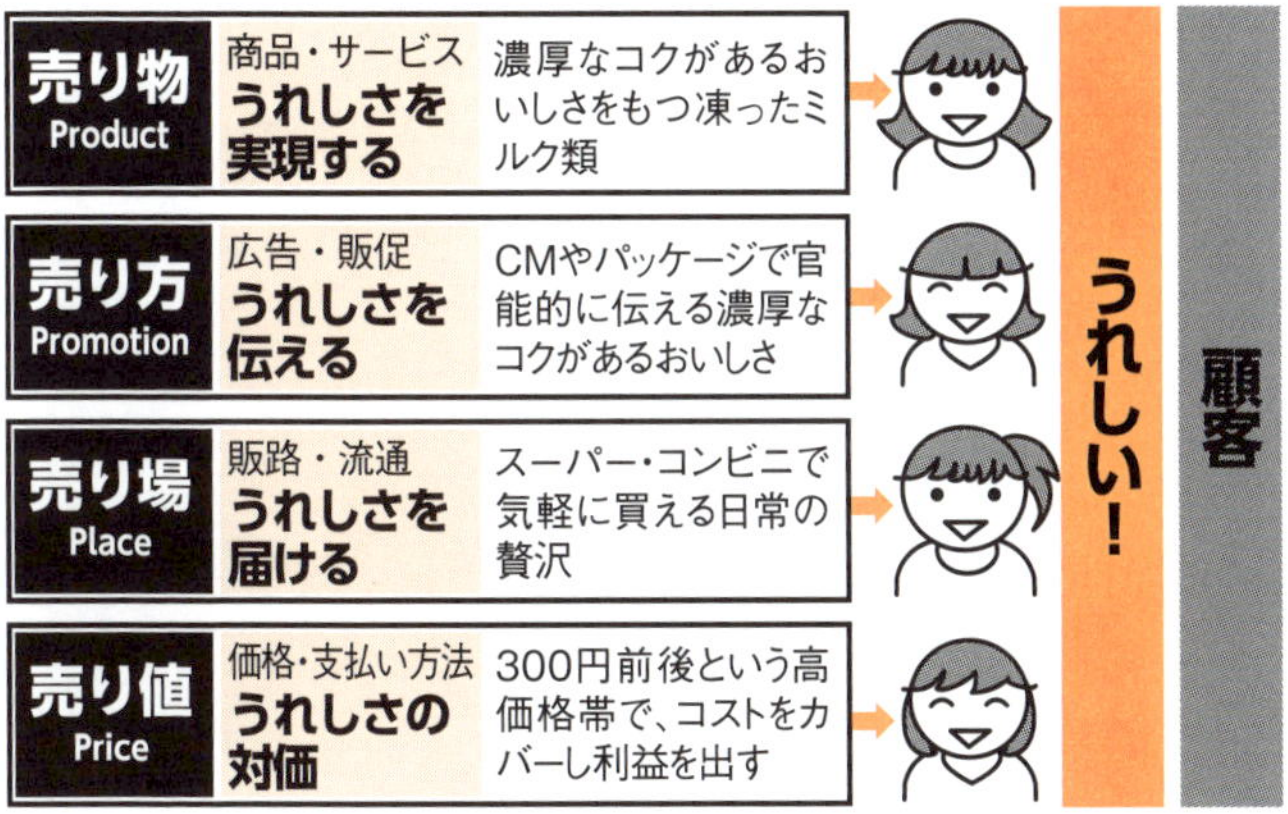

売り物
Product
商品・サービス
うれしさを実現する
濃厚なコクがあるおいしさをもつ凍ったミルク類
売り方
Promotion
広告・販促
うれしさを伝える
CMやパッケージで官能的に伝える濃厚なコクがあるおいしさ
売り場
Place
販路・流通
うれしさを届ける
スーパー・コンビニで気軽に買える日常の贅沢
売り値
Price
価格・支払い方法
うれしさの対価
300円前後という高価格帯で、コストをカバーし利益を出す
うれしい！
顧客

屋外でパソコンを使うビジネスパーソンが、「売り物」（レッツノートというノートパソコン）や「売り方」（レッツノートの強みを伝えるウェブサイトやカタログなど）を目にして、「これは他のものよりも自分に合っている」と思えば、この顧客ターゲットがレッツノートを選ぶわけです。

これが、「顧客ターゲットに商品・サービスが刺さる」ということです。

ハーゲンダッツだと、図36のようになります。

お客さまはうれしさを買っています。うれしさは概念ですが、それは4Pを通じて現実の世界に実体として現実化されるのです。

4Pすべての一貫性が重要

いわゆる「メッセージ」という言葉の意味として理解しやすいのは、「売り方」（広告・販促）でしょう。広告などはまさに売り手のメッセージを伝えるものです。

しかし、4Pすべてがメッセージとしてお客さまに何かを伝えます。

まず、「売り物」そのものがメッセージです。ハーゲンダッツの濃厚なコクのあるおいしさを実現した商品自体が、まさにハーゲンダッツの強みを、その味を通じてお客さまに伝えています。

売り場もメッセージです。「どこで売っているのか」ということが、お客さまに何らかのメッセージを伝えます。スーパーの売り場で、ハーゲンダッツとベン&ジェリーなどの高級アイスは隣り合った場所にあることが多いです。これは高級アイス売り場にある高級な商品だというメッセージをお客さまに伝えます。

同様に「売り値」もメッセージです。ハーゲンダッツの高価な価格自体が「これは高級なアイスクリームですよ」というメッセージを発信しています。

このように、4Pすべてが一貫性を持つことで、「お客さまに刺さるメッセージ」となるわけです。

5章　まとめ

- 伝わらないことは存在しないも同じ。お客さまに伝えてはじめて戦略が完結する
- お客さまが買う前に大事なのは「よいこと」「おいしいこと」ではなく、「よさそう」「おいしそう」に感じること。「よいこと」「おいしいこと」は使って初めてわかる。
- メッセージとして伝えるべきは「強み」。強みは「お客さまが競合ではなく自社を選ぶ理由」だから、それをお客さまに伝え切れれば選んでもらえる（＝売れる）
- メッセージを実行するのが4P（売り物・売り方・売り場・売り値）。4Pを通じて「うれしさ」が現実化され、「売上」に変わる
- 4Pの一貫性をとることで「刺さるメッセージ」となる

6章
マーケティングとはうれしさ競争である
戦略BASiCS

6章 01

マーケティング戦略の5つの要素——戦略BASiCS

ここまで見てきたことを、ここで振り返っておきましょう。

序章　うれしさ　　お客さまは「うれしさ」を買っている
1章　顧客　　誰がどんなときにどんなうれしさを求めるか?
2章　戦場・競合　　お客さまに同じうれしさを提供する他の選択肢は何か?
3章　強み　　お客さまが競合ではなく自社を選ぶ理由（独自のうれしさ）は何か?
4章　独自資源　　強み（独自のうれしさ）を競合がマネできない理由は何か?
5章　メッセージ　　強み（独自のうれしさ）を顧客にどう伝えると刺さるか?

1~5章まで見てきた5つが、「お客さまに選ばれる理由」をつくるために考えるべき要素です。これらを英語にして、順番を変えると左の図37のようになります。

図37 マーケティング戦略5つの要素:戦略BASiCS

Battlefield	2章	戦場・競合	顧客に同じうれしさを提供する他の選択肢は何か?
Asset	4章	独自資源	強み(独自のうれしさ)を競合がマネできない理由は?
Strength	3章	強み	顧客が競合ではなく自社を選ぶ理由(独自のうれしさ)は何か?
+i			
Customer	1章	顧客	どんな人がどんなときにどんなうれしさを求めるか?
Selling message	5章	メッセージ	独自のうれしさを顧客にどう伝えると刺さるか?

全体の一貫性・細部の具体性の両立がポイント

それぞれの要素を英語にして、「B attlefield」(戦場)、「A sset」(独自資源)、「S trength」(強み)、「C ustomer」(顧客)、「S elling message」(メッセージ)の5つの要素にiを加えると、「BASiCS」(ベーシックスと読みます)となります。マーケティング戦略の「基本」(まさにベーシックス)という意味を込めて、私が名づけました。

この「戦略BASiCS」が、マーケティング戦略で考えるべき5つの要素を網羅した、マーケティング戦略のフレームワークです。

「マーケティング戦略の基本的な考え方を理解する」というのが本書のゴール。それはつまり戦略BASiCSにたどり着く、ということ。本書は入門書ですから、最初から「戦略BASiCS」という名前を出すと難しく感じられてしまうかもしれないので、あえて英語を使わずに説明してきました。そして今まさにゴールにたどり着こうとしています。

戦略BASiCSが、お客さまのうれしさを中核においた「体系的な戦略理論」なのです。BASiCSの5つの要素は、さまざまな経営戦略理論やマーケティング戦略理論をまとめたものですから、**BASiCSで考えることで、その「さまざまな経営戦略理論やマーケティング戦略理論」の叡智を、お手軽に使えるようになる**のです。

ここまでの章立て順でBASiCSを説明してみます。

1章　ある使い方・TPOにおいて、あるうれしさを求める「C：顧客」に対して、
2章　同じうれしさを提供する他の選択肢（「B：競合」）と比べ、
3章　「競合」にない独自のうれしさを提供して自社を選ぶ理由（「S：強み」）をつくり、
4章　その「強み」をマネできない理由（「A：独自資源」）を整備・蓄積し、
5章　その「強み」を「顧客」に刺さるように伝えきれば（「Sm：メッセージ」）

お客さまに選んでいただける、ということです。これが「お客さまが選ぶ理由をつくる」

というマーケティング戦略の真髄。

これはある意味で当たり前のことです。マーケティングやマーケティング戦略理論と呼ばれるものは、当たり前のことを体系化した理論・手法なのです。

実はこれらの要素が、MBA（経営学修士）で習うような、いわゆる「マーケティング戦略」の基本的な要素です。あなたはこれで「マーケティング戦略」の基本的な理論を一通り理解した、ということになります！

ただ、その当たり前をきちんと考え、実行するのが難しいから、世の中にはお客さまに選んでいただけない（＝売れない）商品がいっぱい出てくるわけです。それがひどくなると本書での事例でもあるように、会社が倒産する、ということですね。

お客さまがうれしいものは売れる

念のために申し上げておきますが、「表現の難易度」と「内容の難易度」はまったく関係ありません。難しそうな「表現」で書かれたからといって、レベルが高いとは限りません。

本書は「表現の難易度」はなるべく下げて、身近な事例と平易な表現を使っています。「顧客価値に基づく競合との差異化を長期的に維持するコアコンピタンスを形成し……」というような、飲み込むのに時間がかかる表現は使っていません。

しかし「内容の難易度」は決して低くありません。入門書ですが、マーケティング戦略の本質をえぐりだそうとしているがゆえに、けっこう内容のレベルは高いのです。

その本質はお客さまのうれしさ。それは、ＢＡＳｉＣＳを構成する5つの要素すべてに「うれしさ」が入っていることからもわかります。

お客さまがうれしいもの、すなわちお客さまが欲しいものは売れるのです。自社がお客さまに「競合にはマネのできない独自のうれしさ」を提供できれば、お客さまに自社を選んでいただける、という、単純な当たり前の考え方にＢＡＳｉＣＳは基づいています。

しかしこの「単純な当たり前の考え方」に基づき、「うれしさ」を中核にした戦略理論というのは世の中にほとんど見当たりません。たとえば兵法理論や軍事理論に基づく戦略論には、この「お客さまのうれしさ」という概念が欠けているのです。

この戦略ＢＡＳｉＣＳは、私のお客さまである企業の経営者さんに経営戦略・マーケティング戦略をお伝えし、コンサルティングさせていただくときの中核となるフレームワークです。

いわば「社長が知るべき戦略フレームワーク」。それを、アイスクリームやパソコンなど私たちの「買い物」という視点から見てきたのがこれまでの内容です。

あなたが何かを買うというときは、「企業の戦略BASiCSに賛同している」ともいえます。逆に、売り手の商品・サービスが売れる、ということは、この戦略BASiCSがよく考えられている、よくできている、ということです。

本書は入門書ですので、「買い手の立場」から見ることを中心に考えてきました。企業が実戦していく際には、これを「売り手の立場」から考えていく、ということになります。

それは簡単なことではまったくありません。「立場変われば人変わる」で、買い手にとって当たり前のことが、売り手になった瞬間にさっぱりわからなくなるのです。

だからこそ、このようなお客さまに提供するうれしさを中核にした体系的な考え方に基づいて、一つひとつ丁寧に考えていくのがマーケティングの基本的なやり方になります。

強い戦略には一貫性と具体性がある

最後に、レッツノートとハーゲンダッツの戦略を、BASiCSでまとめてみましょう。

それぞれの戦略をBASiCSで分析・解明してみると、お客さまに選ばれるべくして選ばれていることがわかります。

戦略の良し悪しを判断する基準の一つが、全体に「一貫性」と「具体性」があるかどうか。まず、全体として各要素の一貫性があることがわかります。たとえば以下のようなポイントが「一貫性」のチェックポイント。

- 競合にはない、「独自のうれしさ」（「強み」）を提供しているか？
- 強みが、「顧客」のうれしさ（＝使い方・TPO）とドンピシャで合っているか？
- 強みが「独自資源」に基づいており、「競合」がマネしにくいか？
- 顧客のうれしさ（＝使い方・TPO）に刺さる「メッセージ」を出しているか？

図38 ハーゲンダッツの戦略BASiCS

Battlefield	戦場・競合	「仕事で頑張った自分へのご褒美」戦場	
		他の高級アイス	**デパ地下のケーキ**
Asset	独自資源	ミルクの濃さとピュアさ、低いオーバーランを可能にする能力・技術・こだわり	全国のコンビニに置くための生産力・営業力
Strength	強み	濃厚なコクのあるおいしさ	コンビニで買える便利さ/低価格/冷たくてリフレッシュできる
+i			
Customer	顧客	20代前半の女性が仕事で頑張った自分へのご褒美をあげたいとき	
Selling message	メッセージ	「濃厚なコクのあるおいしさ」を官能的にCMやパッケージで伝える	今日頑張ったあなたに、(低価格で買いやすい)ご褒美をどうぞ

全体の一貫性、細部の具体性の両立がポイント

図39 レッツノートの戦略BASiCS

Battlefield	戦場・競合	**①屋外・ハードユース**	**②屋外・ノーマルユース**
		高性能・高価格帯モバイルノート	普及価格帯モバイルノート
Asset	独自資源	「軽量・頑丈・長時間」(+高性能)という設計思想(こだわり)に基づくハード資源(国内工場・特許)とソフト資源(スキルや人材)。その結果としての「顧客からの信頼」	
Strength	強み	軽量・頑丈・長時間(みな高性能なので高性能は強みにならない)	軽量・頑丈・長時間・高性能(だが高価格)
+i			
Customer	顧客	**①屋外・ハードセグメント:**外勤IT営業・外勤デザイナーなど	**②屋外・ノーマルセグメント:**外勤営業パーソンなど
Selling message	メッセージ	軽量・頑丈・長時間(+高性能)。ビジネス向けモバイルノートなら、十数年の歴史を積み重ねたレッツノート!	

さらにハーゲンダッツやレッツノートの戦略には「具体性」もあります。「顧客」も「強み」も、その「使い方・TPO」も具体的です。「誰でも、いつでも、どこでも、万能に使える」という戦略はお客さまに刺さりません。

これらの「一貫性と具体性」の関係の中核が、「顧客と強みの一貫性と具体性」。つまり、「どんなお客さまが、どんなTPOで使い、なぜそれを選んでいるのか」ということ。

- 20代前半の女性が、自分へのご褒美として、濃厚なコクでおいしいハーゲンダッツを選ぶ
- パソコンをハードに使うビジネスパーソンが、屋外で頻繁に持ち歩くときに、軽量・頑丈・長時間のレッツノートを選ぶ

このように、「顧客」と「強み」に見事な、そしてある意味で当たり前の一貫性と具体性があります。**うまくいっている商品・サービスには、必ず戦略の「一貫性と具体性」があるのです。**

ハーゲンダッツは「濃厚なコクのあるおいしさ」、レッツノートは「軽量・頑丈・長時間」

を軸に、すべてが一貫性・具体性を持っています。BASiCSでまとめると、ハーゲンダッツにもレッツノートにも、当たり前の一貫性があることがわかります。

「これなら成功するよね」というのが、一見してわかるのです。**強い戦略は、シンプルで美しい**のです。

そして強い戦略は「当たり前」に見える自然さがあります。この自然さはお客さまにも伝わります。売れない商品は、どこかギクシャクしていて不自然なのです。「当たり前に見える一貫性・具体性」を実行するのは極めて難しいからこそ、世の中に「売れない商品・サービス」が溢れるわけです。

マーケティングのゴールはお客さまとの「相思相愛」

戦略がうまくいっているとき、売り手と買い手には「相思相愛の関係」が成立します。お互いになくてはならない存在となっているのです。マーケティング戦略がしっかりしているからこそお客さまに選ばれる理由がつくられ、お客さまとの「相思相愛の関係」ができるわけです。

これが、「お客さまに選ばれるためのマーケティング戦略」であり、それがマーケティング戦略のゴールなのです。

マーケティング戦略のゴールは、売り手と買い手が「相思相愛の関係」となる、いわゆる「熱烈なファン」をつくり出すことです。

レッツノートにしても、ハーゲンダッツにしても、マクドナルドにしても何にしても、人気のある商品・サービスは、このような相思相愛の関係が成立しています。

ファンは継続的に買うだけでなく、周りの人にも熱心に勧めます。つまり、自社に長期的・安定的な「売上」をもたらしてくれるのです。

「はじめに」で、「経営環境が厳しい場合、事業成果の4割以上をマーケティング戦略の質が説明する」というデータを紹介しました。

経営環境が厳しい場合、このように「自分を選んでくれる」お客さまがいるほど、売上・利益が上がりやすくなる、ということです。

だからこそ、厳しい時代に必要なのがマーケティング戦略であり、それが目指すのはお客さまとの「相思相愛の関係」なのです。

「うれしさ」競争をしよう！

その「相思相愛の関係」をつくる際に中核となる考えが、お客さまに提供する「うれしさ」です。**マーケティング戦略の本質とは、お客さまに提供するうれしさをひたすら高めていくことだけ**、なのです。

自分にしか提供できないうれしさがあれば、それがそのうれしさを求めるお客さまをひきつけます。それが「顧客ターゲット」です。

同じうれしさを提供する相手が「競合」となります。その競合と自社が戦っている場所がお客さまのアタマの中の「戦場」です。戦場は、自社と競合でどちらがより大きなうれしさを提供するか、という戦いの場です。

そのうれしさを高めていくほどに、自分にしか提供できない、すなわち競合にはマネできない独自のうれしさになります。それが「強み」、すなわち「お客さまが競合ではなく自社を選ぶ理由」となります。

そのうれしさを高めていく努力をすることで、うれしさを提供する能力が高まっていきます。それが「独自資源」です。設備・技術・特許などのハード資源、スキル・人材などのソフト資源が、独自のうれしさを提供する能力となります。

そして、そのうれしさをいかに魅力的にお客さまに伝えるか、というのが「メッセージ」。

マーケティングの、そしてマーケティング戦略の理論とは、決して複雑なものではなく、「いかにお客さまに提供するうれしさを高めていくか」ということだけ、なのです。

そのうれしさを求める人が多いほど、「売上」が増えていきます。売上は「うれしさの対価」だからです。

独自のうれしさを提供できれば、競合との「価格競争」にもなりません。極端な話、「競合」がなくなります。他に選択肢がなく「この商品・サービスなしではいられない」となるからです。それが売り手が目指すべき「お客さまとの相思相愛の関係」です。

本書で一番伝えたかったメッセージは、「うれしさ競争をしよう!」です。

技術競争でも売り込み競争でもなく、「お客さまにうれしさを提供する競争」です。

日本企業は、技術力ではいまだに素晴らしいレベルにあります。しかしその技術力が高い会社が、次々に外国企業の軍門に下っています。

それは、「うれしさの提供力」で負けているからです。お客さまは、より「自分をうれしくしてくれるもの」を選んでいるだけなのです。

競合と同じうれしさを提供しているだけでは、価格競争になります。同じうれしさなら安い方がいいに決まっています。

自社の商品・サービスが売れない理由はただ一つ。お客さまにとってはそれほど「うれしくない」からです（価格も含めて）。素晴らしいうれしさがあれば、高価であろうと、行列をつくろうと、お客さまは買いたいのです。

それを証明するのが、あなたの「買い物」です。あなたは、自分が欲しいもの、うれしくなるものを買いますよね。自分をすごくうれしくしてくれる商品・サービスは、高くても頑張って貯金して買いますよね。行列にも並びますよね。

企業が「うれしさ」競争をするほどに、お客さまのうれしさは高まります。そして、それが「企業の競争力を高める」ということなのです。**企業の競争力とはただ一つ、「お客さまへのうれしさ提供力」**なのです。

そして……、企業が「うれしさ提供力」を高めるほどに、世の中にはうれしさが満ちていき、幸せな世界となります。

私たちの今の暮らしは、昔の王侯貴族以上の暮らしです。それも私たちの先達が頑張ってうれしさをつくってきたからです。

マーケティングの、そしてマーケティング戦略の究極のゴールは、「世の中のうれしさを増やして、幸せな世界をつくること」です。

ぜひ日本に、そして世界に、お客さまへの「うれしさ」を一緒に増やしていきましょう！

【参考資料】

◎P9　『日本企業のマーケティング力』（有斐閣・山下裕子他著）P99「日本企業の国内１５７事業、海外91事業（計２４８事業）の統計分析結果」。事業成果＝売上高成長率、収益性、高品質、新技術・市場創造、新規顧客、既存顧客、リピート購買、値崩れ防止の8因子

◎P31　中小企業庁ウェブサイト（http://www.chusho.meti.go.jp/koukai/chousa/tousan/）

◎P50　ロッテウェブサイト（https://www.lotte.co.jp/products/catalogue/ice/03.html）

◎P59　株式会社ＭＭ総研（https://www.m2ri.jp/news/detail.html?id=229）

◎P75　ハーゲンダッツウェブサイト（http://www.haagen-dazs.co.jp/brand/）

◎P76　アイスクリーム流通新聞（http://icenews.webcrow.jp/images/hannbaidaka2012_2016.pdf、http://icenews.webcrow.jp/images/topreview_hanbai.pdf）

◎P89　平成28年版情報通信白書

◎P124　「Let's note が高額でも選ばれ続ける20の理由」（https://panasonic.jp/cns/pc/appli/20reason/）

◎P125　Panasonic・２０１７年夏カタログより

◎P130　ハーゲンダッツウェブサイト「ハーゲンダッツのこだわり」（http://www.haagen-dazs.co.jp/brand/kodawari/）

◎P140　任天堂ウェブサイト「株主・投資家向け情報」（https://www.nintendo.co.jp/ir/finance/hard_soft/index.html）

◎P154　アイスクリーム流通新聞・２０１６年度（http://icenews.webcrow.jp/images/hannbaidaka2012_2016.pdf）

◎P156　ハーゲンダッツウェブサイト（http://www.haagen-dazs.co.jp/brand/kodawari/）

◎P156　日本アイスクリーム協会ウェブサイト（https://www.icecream.or.jp/）

◎P159　タカナシ乳業ウェブサイト（http://www.takanashi-milk.co.jp/company/gaiyou.html）

◎P163　ロッテウェブサイト（https://www.lotte.co.jp/products/catalogue/ice/03.html）

◎P166　ハーゲンダッツウェブサイト（http://www.haagen-dazs.co.jp/company/csr/compliance.html）

◎P171　パナソニックウェブサイト（http://panasonic.co.jp/ism/technology/vol06/）

◎P181　ハーゲンダッツウェブサイト（http://www.haagen-dazs.co.jp/ayami-nakajo/）

おわりに

お読みいただき、ありがとうございました！

本書は、マーケティングの「戦略」という側面に重きをおいて、その入門書として書かれました。難解になりがちな戦略を、私たちの買い物という観点から説き明かしています。「マーケティングの入門書」は数多く出ていますが、戦略となると専門書が多く、誰でも読みやすい入門書というのはなかなか見かけません。

そこで「戦略の入門書」として書かれたのが本書です。入門書ではありますが、内容はかなりのレベルにまで踏み込んでいます。本書を完全に理解することができたら、初心者脱出と言ってもいいでしょう。

本書をお読みいただいたあとのさらなる成長のサポートとしては、私が発行する週2回の無料メルマガ「売れたま！」がおすすめです。そこでは本書の中核フレームワーク、戦略BASiCSもよく出てきます。以下のサイトから無料でご登録いただけます。
http://sandt.co.jp/uretama.htm

また、この本をここまでお読みいただいたあなたは、マーケティングや経営戦略の本を手に取られても、その内容をかなり理解できるレベルにまで達しているはずです。

そこで、私の他の著書で、おすすめのものを抜粋しておきます。

「マーケティング」の入門という意味では、『ドリルを売るには穴を売れ』(青春出版社)は、マーケティングの入門書・最初の一冊としておすすめです。イタリアンレストランの企画に主人公が奮闘する小説形式です。

『図解 実戦マーケティング戦略』(日本能率協会マネジメントセンター)は、戦略BASiCSを初めて世に問うた本です。ありがたいことに、アマゾンがすべてのビジネス書から選ぶ「オールタイムベスト ビジネス書100」のマーケティング・セールス部門で、ただ1冊、日本人著者の書籍として選ばれました。

戦略BASiCSの上級編としては、経営者向けに書かれた『経営戦略立案シナリオ』(かんき出版）がおすすめです。

マーケティングも経営戦略も奥深い世界です。ぜひいろいろな本を手に取ってみてください！

最後に、本書の出版にご助力をいただいた方にお礼を申し上げます。

まず、お読みいただいた読者のあなた。楽しんでいただけたのであればうれしいです。そして私の他の著書の読者さん、およびメルマガ「売れたま！」の読者さん。いつも応援を本当にありがとうございます。

担当編集の岩橋陽二氏とは私の処女作以来、10年以上のおつきあいになります。いつも素晴らしい企画・アドバイスをありがとうございます。

本書に具体的なアドバイスをいただいた方々にもあらためて感謝申し上げます。自ら戦略BASiCSを実戦し成果をあげている柴山拓郎氏には、私の「強み」についての大変貴重な示唆をいただきました。また、久保太一郎氏、佐藤俊聡氏、瀧和彦氏、安永佳子氏にも貴重なアドバイスと徹底的なダメ出しをいただきました。ありがとうございました。

さらに、本書で取り上げたさまざまな事例の企業にも感謝いたします。私たちが楽しい暮らしができるのも、努力していらっしゃるさまざまな企業のおかげです。また、それを公開してくださる情報源の方々にも感謝したいと思います。特に「日経ＭＪ（流通新聞）」は私の愛読紙として、そして貴重な情報源として大変ありがたい存在です。非常に役立つ新聞なので、ご購読をおすすめします。

最後に、私の家族。まずは最愛の妻・恵子と長女・好美。経営者でもあり、仕事と子育て・家事を両立させている妻にはアタマが上がりません。本書の執筆時点で好美はまだ４歳。いつか、私の本を読んでもらえる日まで頑張ります。また、子育てを通じて、あらためて両親に対する尊敬・感謝の念が強くなりました。この場を借りて両親に感謝いたします。本書を恵子と好美、そして両親に捧げます。

レッツノートに向かい、ハーゲンダッツを食べながら……

佐藤義典

著者紹介

佐藤　義典（さとう　よしのり）
マーケティングコンサルティング会社、ストラテジー&タクティクス社代表取締役社長。中小企業診断士。NTTで営業を経験後、渡米しペンシルベニア大ウォートン校でMBAを取得。外資系マーケティングコンサルティング会社を経て、独立。２万人以上が購読する人気マーケティングメルマガ「売れたま！」の発行者としても活躍中。

お客《きゃく》さまには「うれしさ」を売《う》りなさい
一生稼《いっしょうかせ》げる人《ひと》になるマーケティング戦略入門《せんりゃくにゅうもん》

2018年３月５日　第１刷
2022年７月15日　第３刷

著　　者　佐藤義典《さとうよしのり》
発行者　小澤源太郎

責任編集　株式会社 プライム涌光
電話　編集部　03(3203)2850

発行所　株式会社 青春出版社
東京都新宿区若松町12番１号 〒162-0056
振替番号　00190-7-98602
電話　営業部　03(3207)1916

印　刷　中央精版印刷　製　本　フォーネット社

万一、落丁、乱丁がありました節は、お取りかえします。
ISBN978-4-413-23075-9 C0034
© Sato Yoshinori 2018 Printed in Japan

本書の内容の一部あるいは全部を無断で複写（コピー）することは著作権法上認められている場合を除き、禁じられています。

大好評！　青春出版社のロングセラー

ドリルを売るには穴を売れ

佐藤義典

物語でわかる
マーケティング入門

新人OLが閉店寸前のレストランを
復活させるストーリーを通して、
マーケティングの基本的な理論が
体系的、実戦的に理解できます！

ISBN978-4-413-03623-8　1429円

お願い　ページわりの関係からここでは一部の既刊本しか掲載してありません。折り込みの出版案内もご参考にご覧ください。

※上記は本体価格です。（消費税が別途加算されます）
※書名コード（ISBN）は、書店へのご注文にご利用ください。書店にない場合、電話またはFax（書名・冊数・氏名・住所・電話番号を明記）でもご注文いただけます（代金引換宅急便）。商品到着時に定価＋手数料をお支払いください。〔直販係　電話03-3203-5121　Fax03-3207-0982〕
※青春出版社のホームページでも、オンラインで書籍をお買い求めいただけます。ぜひご利用ください。〔http://www.seishun.co.jp/〕